夢に、力を。

だから戦い続ける

幸福実現党 党首
釈量子 著
RYOKO SHAKU

まえがき

「夢に、力を。」

これは、私にとっての祈りの言葉です。

幸福実現党には、尽きない夢があります。その夢を地上に実現するための力は、まだ、足りません。選挙を終えて、私たちの目前にある厳粛な現実がそれを示しています。

しかし、素直に、謙虚に、努力を続ける中で、必ずや夢を実現する力をつけていくのだという精進の決意を、タイトルに込めました。

そしてまた、「その夢に力を与えようじゃないか」と立ち上がってくださる方々の力が結集し、未来が切り拓かれますようにという願いも込めました。

今こそ、心の力が試される時です。「もうやめよう」「諦めたらどうか」と、志を萎《な》えさせ、意思を挫《くじ》く亡霊のささやきは、そこかしこに溢《あふ》れています。トンネルの岩盤は、何百年かけても打ち抜けないような固さにも見えます。

そんな時、私たちの願いに道を付けるのが「祈り」です。

明るく、積極的で、建設的な思いを、大砲のように未来に向けて撃ち込むのです。悪魔の体に祈りの銃弾を浴びせ、たとえ何があろうとも、前進していくのです。それが光の使命です。

本書は、幸福実現党立党10年の節目にあたる参議院選挙を終えて、その体験と、地上ユートピア建設の途中経過を、支援者の皆様にご報告させていただくべく筆を執《と》らせていただいたものです。政策論のような硬い内容ではなく、エッセイ風の体験記ですので、どうか気軽にお読みいただければと思います。

未来がどうなるのか、どこまで何ができるかなんて、誰にも分かりません。

しかし、幸福実現党は、神の声を聴き、神の願いを地上に実現する、ただ一つの政党です。私たちの努力が天に届いた時、運命の追い風が吹き、力強く飛翔する時が必ず来ると信じています。

幸福実現党を応援くださっている皆様、本当に、本当に、ありがとうございます。本書が、心からの感謝とともに、必ずや未来を切り拓くことを誓う一書となれば幸いです。

２０１９年10月27日　御法話「天命を信じよ」10周年の日に

幸福実現党　党首　釈量子

目次

第二章　この国の未来を考える

2.

日本を守る気概を

※文中、特に著者名を明記していない書籍は原則、大川隆法著のものです。

序章

総移動距離1万5800キロ。

2019年参議院選挙の17日間の移動距離を合算したものです。

7月4日に公示、21日投開票となった第25回参院選に、幸福実現党は比例代表に3名、選挙区に9名の計12名が立候補し、私は、比例代表に出馬しました。

よく「地球1周約4万キロ」に比較されますが、公示とともに、各党の党首・代表は、17日間、地球を何周分にもなるような勢いで、狭い日本を駆け巡ったわけです（左ページ図）。

もっともこれは、各党の試算・公表によるものなので、計算の仕方は若干違うでしょう。社民党の吉川元《はじめ》幹事長の場合、大分県をはじめとする10都県の移動とあるので細かな動きを加算しているのかもしれません。私の場合は、JRと新幹線の営業距離と、航空機を利用した時の飛行距離を足したものです。

ちなみに、比例代表の立候補者は、日本中のJRと飛行機が無料となる「特殊乗車券」と「特殊航空券」が支給されます（次ページ写真）。１９５０年に施行された「公職選挙法」に基づき、公平な選挙を実施するために資金力で選挙の優劣がつかないようにするのが目的と言われます。ＪＲの乗車は冊子を見せるだけなので簡単ですが、航空機の搭乗手続きは非常に面倒で、一度、同行者が乗り遅れそうになったことがありました。政党助成金という税金を受け取っている既存政党と違って、

2019年参院選の
各党党首らの遊説移動距離

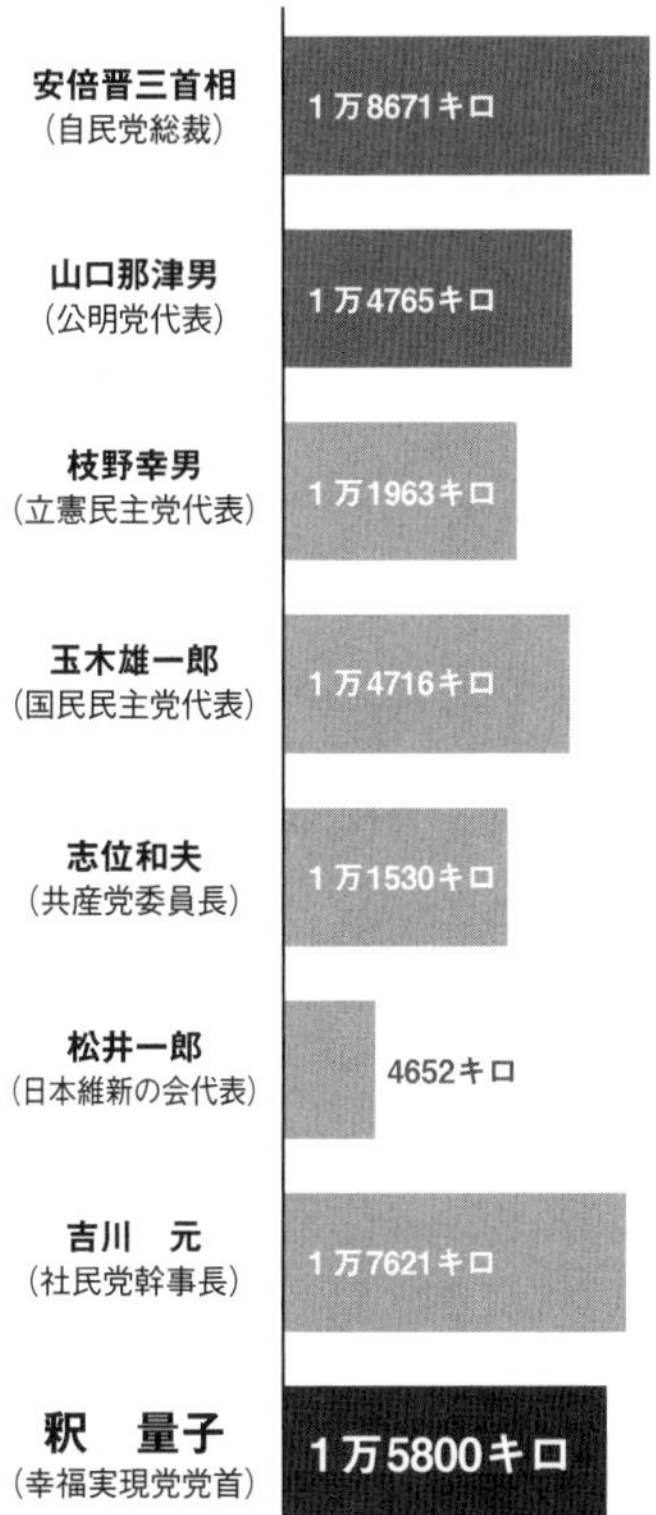

釈以外は2019年7月20日付毎日新聞夕刊より

全国各地のボランティアの皆様に支えてもらっている私たちとしては、ありがたく使わせていただいています。もっとも、比例代表の候補者になるには、供託金６００万円を国に納めなくてはなりません。日本中を駆け回ることができるのも、お支えくださる方々の存在あってこそ。心からの御礼を申し上げます。

選挙終盤になると、この特殊乗車券の冊子もボロボロになります。今回の参院選の経費として計上された国家予算は約５７１億円でした。18歳以上の有権者数の約１億６５０万人で割ると、１人当たり５３６円だという報道もあり（※）、多額の税金をかけて行われる選挙の厳粛さを噛《か》みしめます。

選挙は、とにかく移動、移動、移動です。

知名度もまだ不十分な私は、党の代表

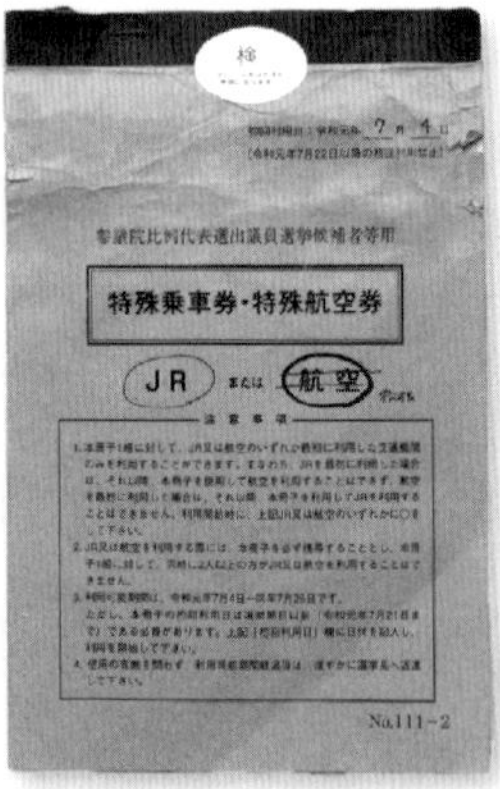

参院選比例代表の候補者に支給される「特殊乗車券・特殊航空券」の冊子

※ 2019 年 7 月 10 日付東京新聞　＜参院選＞経費 1 人当たり 536 円　予算 571 億円「一票無駄にしないで」

としても、また候補者としても、行けるかぎりのところに足を運ばせていただきました。

しかし、正直なところ、「選挙運動」の17日間よりも、選挙を迎えるまでの「政治活動」の数年間のほうが、激しく動いていたように思います。可能な限りスケジュールを詰め込んで、いわゆる「ドブ板」と言いますが、一軒一軒、地域のご支援者を訪ね歩いたり、街頭に立って訴えたり、小さな集会を重ねたりしました。

行く先々で「大変ねえ」と言われます。

しかし私は、この仕事が、心の底から大好きです。

そして、とてもありがたい聖なる仕事をさせていただいていると感じています。

日本には、47の都道府県があり、地方自治体は、全国の市区町村あわせて1741あります。それぞれの地域にはそれぞれの課題があり、地域に根差してお声を聞かなければ地元のニーズはなかなか分からず、解決もできません。幸福実現党の公認地方議員は37名（2019年10月現在）となりましたが、地元に対するご恩返しのために、菩薩行《ぼさつぎょう》として立ち上がった人ばかりです。

私も、日本中、できうるならば直接足を運んで、すべての人にお会いしたいと思っています。また、今の日本は少子化や高齢化でどこもかしこも「無理だ」「ダメだ」の大合唱ですが、あきらめずに工夫して、ユニークな取り組みをして成果を出している地域があるものです。そんな立ち上がる群像やドラマには感動があります。そんな話を聞くことが、私はたまらなく好きなのです。

政治は、不可能を可能にする「可能性の芸術」と言われます。本来、政治というものは最高に創造的で、面白いものではないでしょうか。

私はそんな夢のある政治を実現したいのです。

宗教政党への「厳しい」目

そのためには、当選しなくてはなりません。

たくさんの方々にお会いして、全国津々浦々に足を運び、政策を訴えなくてはなりません。

しかし、「宗教政党」の私たちに対する〝世間〟の目は、ことのほか厳しいものがあります。

今回の選挙でも、全国各地で「政策はいい。宗教じゃなければ投票するのに……」といった言葉をかけられました。こうした岩盤のように横たわる現代の「常識」の壁を破るためには、お一人おひとり顔を合わせ、腹の中まで見てもらわなければ、大事な一票は託してはいただけません。

直接お会いすると、経歴や能力などはさておいても、「嘘をつかない」「人柄はよさそう」「庶民的で話しやすい」など、人間性を理解してご支援いただけるようになったケースが多々あります。これは何よりもありがたいことでした。

また、今回の選挙に向けて全国を回りながら、思わずため息が出るような瞬間もたくさんありました。日本はとても、とても美しいのです。

北海道の雄大な大自然。東北を新幹線で駆け抜けると、カモシカが山の斜面を踏みしめていました。魚沼《うおぬま》の棚田に夕陽が映って黄金に輝く様子は信じられないくらい神々《こうごう》しく、米作りは日本の文化だと感じました。ありふれた竹林も京都では優雅に見え、西に行くほど木々の緑が濃く、力強くなります。そして沖縄の輝く海は、竜宮城につながっているかのようです。

「なんて美しいのだろう、この日本は!」と、思わず叫びたくなるほどです。

しかし、その愛する日本は今、変わらなければいけない時期を迎えています。

先進国で唯一、ほとんど経済成長しなかったこの30年の間に、国民の進取の気質は失われ、このままでは世界の三流国に転落していく寸前であり、政治の責任を問わねばならないのは明らかです。

近隣諸国には、この日本の領土を奪ったり、自国のものだと主張したり、日本列島を超えてミサイルを飛ばして脅《おど》かす国も出てきました。覇権主義の脅威が、すぐ近くまで迫ってきています。

未来に向けて戦い続ける

そんな国の行き先を真っすぐ正すために挑戦した2019年の第25回参院選でしたが、比例票は前回の選挙から大きく減らした「20万2278票」に終わりました。そして、新興の二つの政党が、政党要件を獲得して当選者を輩出しました。「ワン・イシュー」でネットを中心に話題づくりに成功したところもあれば、タレント性のある党首が、100万単位の票をかき集め、多くの人を熱狂させました。

幸福実現党もそうした選挙戦略を取るべきだった、という人もいます。特に、新しい政党は、「党首力」がすべてと言えば、その通りでしょう。「死んでお詫び」ができたらどんなにいいかと思ったりもしました。

ご支援くださった皆様のお顔を思い出しながら、また一度もお会いしたことはなくとも、私たちに期待してくださった方々への懺悔《ざんげ》の気持ちで何リットルかの悔《くや》し涙を流しながら、3カ月がたちました。

見回せば、消費税は10%に上がり、軽減税率の複雑さに大手チェーンストアの社長が「暴力だ」と言い、大手コンビニエンスストアは1000店舗を閉鎖すると発表しました。

香港では自由を守るためのプロテスター（抗議者）たちが逮捕される中、幸福実現党以外の日本の政党はいずれも口をつぐんだまま、現政権は中国の習近平主席の国賓待遇での招待に向けて、「日中の新時代」を深めています。

またしても選挙後に、私たちが訴えた「危機」が日本に迫り来るのを見ることとなりました。

訴えたことは無駄ではありません。しかし、人々の心を変えるまでには、届いていないのです。何より、私自身の情熱が、説得力が、能力が、戦略が、何もかも足りないのでしょう。世の中を動かすまでには！

情けなさと悔しさとともに、それでも戦い続けたいと思うのは、どうしてなのか。「人々の幸福のために、神の正義に基づいた社会の実現のために、戦え」という声が腹の奥から聞こえるのです。

ようやく未来へ向けて、一縷《いちる》の希望が描けるようになった今、選挙戦で体験したこと、感じたことなどを、振り返ってみようと思います。

第一章　それでも戦い続ける

1．10年目の決戦――参院選の顛末《てんまつ》

〝白装束〟の記者会見

6月20日、迫りくる参院選に向けて、東京の党本部で記者会見を行いました。私自身の出馬表明と、公約となる主要政策の発表です。

会見会場となった3階の会議室には、用意した席が、マスコミ関係者でぎっしり埋まりました。大手紙や日頃連載でお世話になっている夕刊紙、スポーツ紙の記者さん、雑誌の編集長のお顔。わざわざお越しくださったのです。感謝の思いでいっぱいになります。

いよいよ選挙となる少し前に行うのが「記者会見」です。

実は、私は記者会見が苦手です。

東京の記者さんは大変クールです。一対一で接すればお人柄も見えてくるのですが、支援者を前にした街頭演説のように熱く語ると、とたんに浮いてしまいます。そういうわけで、若干、緊張します。

気合いと覚悟を込めた〝白装束〟風の純白のスーツに着替え、気のせいか、余裕たっぷりに見える松島弘典幹事長（当時。現・総務会長）とともに着座。腹を括《くく》って本音をぶつけるしかないと決意して臨みました。

「昨日、党首討論がございまして、私もざっと拝見させていただきました。

香港で6月9日に大規模なデモがございました。また、安倍首相がイランを訪問中に、タンカーの爆破事件もございまして、ある種、戦争の危機さえよぎるような、そうした緊迫した状況にもかかわらず、外交や安全保障に関する言及がほぼない、皆無、ということでした。私としては、正直、『ふざけているのかな』と思ったような様子でございました……」

一応、上品に言葉を選んだのですが、翌日の月刊誌「ザ・リバティ」のネット記事の見出しには「苦言を呈《てい》した」と書かれてしまいました。実際、党首討論には憤りを感じていたのです。

香港の状況をみれば「第二の天安門事件」が起きる可能性も十分ありえます。事態の切迫度を考えると、国の基本政策に関する討論の場で、公党の党首が誰ひとり、国の安全について論じないことを異常事態と呼ばずして、何というのでしょうか。

「幸福実現党は立党して今年で10年になります。この10年の間、一貫して、ぶれずに日本にとって必要な政策を、真正面から現実的に打ち込んでまいりました。今となれば、それが正しかった、ということを確認することができるのではないかと思います」

その後、主要政策について語りました。

「外交・国防」政策については、「今すぐ取り組むべきことは、トランプ政権主導の中国封じ込めに積極的に参加すること」とし、「憲法9条の改正」「防衛費の倍増による装備の充実・強化」を挙げました。

特に、菅義偉《すがよしひで》官房長官が香港のデモに関して、「大きな関心を持って注視している」などと発言したことについては、「『注視』や『期待』という言葉は、価値判断を加えないということかと思うが、日本の外交の弱さが如実に出ている」と指摘しました。

そして、日本が「正義の軸」を持ち、「自由・民主・信仰」といった価値観を同じくする国々と、対中包囲網づくりに取り組むべきと訴えたのです。

外交政策については、「日露平和条約の早期の締結で、中露の分断を図る」「日台関係基本法を制定し、同盟関係を念頭に、独立国として承認、国交回復を目指したい」と、中国包囲網を念頭に、日露・日台関係の強化を挙げました。

今年は、「外交」の年。母体の幸福の科学には、100カ国以上に信者がいて、世界をいつも意識して動いています。数多くの友人がいろいろな国で活躍しているのです。そのため外交は、自分の家族や友人の生活や命に直結する、非常に身近な問題なのです。

また、経済政策としては、名目5％超の経済成長で、未来産業を実現すると訴えました。ポスターにも「景気はまかせろ！」というコピーを載せました。

そして、GDP実質3％、名目5％超の持続的な経済成長を実現するとの目標を打ち出しました。

「小さな政府、安い税金」を掲げる幸福実現党は、立党時に消費税廃止を訴えていました。景気が低迷し、国防などに必要な予算が確保できない可能性があるため、現在では、当面は消費税を5％まで下げることを訴えています。今回、消費税廃止を掲げた「れいわ新選組」より10年も前から消費増税に反対し続けてきたわけです。

さらに、「徹底的に規制を緩和し、大胆な投資を行い、新たな基幹産業を立ち上げます。製造業の国内回帰を促《うなが》し、〝Made in Japan〟〝Buy Japanese〟を実行したい」と訴えました。

これは、米国のトランプ大統領の「アメリカファースト」路線と基本的に同じ考えです。中国に進出した企業が、米国に戻りやすくするために「レパトリ減税（※）を行い、製造業の国内回帰に成功し、雇用も増えて、経済は絶好調です。日本でも、地方に工場を呼び戻せたら、若い人が都会から戻ってくるはずです。

そして最後に、幸福実現党が宗教政党であることについて言及しました。

中東外交を念頭に、「宗教を非常に軽く見たり、あるいは信仰心を否定したりするような政治家では、外交などできないのではないでしょうか」「日本でしっかりと、精神的な軸に基づく国づくりをさせていただきたい」と締めくくりました。

※外国にある資金（利益）を国内に還流（レパトリエーション）させる時に課す法人税の税率などを下げること。

〝核装備〟の見出しに驚愕《きょうがく》

ありがたいことに、公示日直前の7月2日、産経新聞が、いわゆる「公党」である7党に加え、幸福実現党を8党目として、「公約比較」に入れて報じてくれました。これは大変うれしいことでした。

ただ、その見出しには、思わず息をのみました。

「幸福　自衛目的の核装備推進」

え！　なぜ？

会見ではただの一言も口にしていない「核装備」が見出しに踊っています。「政策集」でも一行書いてあるだけです。産経新聞の記者さんが、自民党の右側に柱を立てる政党だと理解してくださったのでしょうか。

確かに、幸福実現党は、他の政党が言わないことでも、この国のため、あえて尖《とが》って見える政策を数多く掲げてきました。民主主義の国では、主権者である国民が正しい判断をするためにも、「正しい情報」が提供されなければなりません。特に国防政策においては、自民党や安倍首相が言いたくても言えない「正論」を打ち出すことこそ、国論を変える力にもなるし、そのために選挙をしているのだという使命感もあります。

しかし、「伝え方」には十分に気をつけなければなりません。「核装備」が見出しでは、政策の筆頭に掲げたかのように見えるでしょう。

「今回の選挙も、厳しいことになるだろう」と、密《ひそ》かに覚悟を決めました。

しかしながら、現実の世界に目を向けると、日本も「核装備」の必要性を声を大にして言わなければいけない時代に入ってきたのは確かです。

日本は世界で唯一の被爆国です。広島と長崎では、約25万人が一瞬で殺傷され、私も毎年、広島や長崎に行くたびに、これを「人道上の罪」と言わずして何と言うのかと思います。広島原爆死没者慰霊碑の碑文には「過《あやま》ちは繰返しませぬから」と書かれていますが、謝るのは原爆を落とした側の米国でしょう。私は、日本人として今でも悔しいし、米国には、正直なところ謝ってもらいたいです。

また、広島、長崎のみならず、地球を何度も破壊できる核の脅威から、世界中の子供たちの未来を守りたいと強く願っています。幸福実現党は、2009年の立党当初は「核装備」を政策に入れていませんでした。

政策に掲げたのは、世界情勢が変わったからです。

独裁国家の北朝鮮が核開発を加速させていることをはじめ、「核なき世界」ではなく、「核が分散してしまう世界」を想定して、それに対する国防を考える必要が出てきました。

2006年、北朝鮮が初めての地下核実験を行ったとされ（公式発表はなし）、2009年には、ミサイルが日本上空を飛び越えました。

この年、「核なき世界」を掲げたオバマ大統領がノーベル平和賞を受賞しました。そして２０１６年には、米国大統領として初めて広島を訪れましたが、２０１７年、北朝鮮は２回の核実験（水爆）に加え、20発以上の弾道ミサイルを発射し、日本中でＪアラートが鳴り響きました。「核の恐怖」が現実のものとして日本を覆ったのです。

中国軍事専門家の平松茂雄氏に、「核兵器は10億円ぐらいあれば造れる」と伺ったことがあります。

そして日本や世界にとって最大の脅威が、中国の核です。中国は、核弾頭の数については沈黙していますが、少なくとも１０００発の大陸間弾道ミサイル（ＩＣＢＭ）を配備し、日本の主要都市に向けられていることは確実です。最近では、「巨浪」などの弾道ミサイルを原子力潜水艦から発射できるようになったので、日本海側ではなく、太平洋側から東京を狙うことも可能です。

選挙から3カ月経過した10月2日、北朝鮮は新型の潜水艦発射弾道ミサイル（SLBM）を発射し、島根県沖の日本の排他的経済水域（EEZ）に着弾しました。日本を射程に収めるのは当然のこと、潜水艦で米国本土に撃ち込むことも可能になります。これまで、トランプ大統領は北朝鮮が短距離ミサイルを撃とうとも、自国に届くものではないために容認する方向でしたが、もはや、看過することはできなくなりました。ましてや、日本に北朝鮮の核が落とされようとも、アメリカは自国に反撃される可能性があるため、手が出せません。日本は、アメリカの核の傘から追い出されることになるのです。

ハドソン研究所首席研究員の日高義樹氏は、著書『帝国の終焉』で、「『日本を攻撃したりすれば、手ひどい反撃に遭う』と相手に思わせるだけの軍事力を早急に持つとすれば、まず核抑止力であろう」「軍事力は、戦争をするためではなく、戦争を防ぐために持つものなのだ」と述べています。

決して、この日本に3回目の核を落とさせてはなりません。

思わず吹き出しそうになった政見放送

選挙で自らの政策を訴えるのに欠かせないのが、「政見放送」です。比例代表で出馬する場合、政党・政治団体の持ち時間は、17分あります。東京・渋谷にあるNHK放送センターに足を運んで、収録しなければなりません。

今回は、前半の約11分間を私が担当して政策の大きな柱をお伝えし、後半は及川幸久《ゆきひさ》外務局長が、有権者に関心の高い年金に絞って約6分間。あわせて17分を2部構成で収録しました。

初出馬以来、NHKには何度も足を運んでいますが、政見放送の収録スタジオの壁はグレー一色で、ひと昔前の病院のような雰囲気です。また公平性を鑑《かんが》みてのことか、ＮＨＫの職員の方も特段反応もしないので、テンションを上げるのは至難の業です。

そこで今回、収録に同行した党首特別補佐の森國英和氏が密かに一計を案じ、11分の収録の終盤に差し掛かったところで、収録カメラの後方で、突然、「明るい笑顔で！」と書いたスケッチブックを掲げました。何も聞かされていなかった私は思わず吹き出しそうになり、途中から笑顔で元気いっぱい、未来ビジョンについて語ることができました。

おかげさまでご覧になった方からは好評をいただき、「病気の母に見せたら、元気になった」とのうれしいお声もありました。

ネットでも「政見放送の中では一番まとも」などと、話題にしてくださる方もいて、大変ありがたかったです。「これが宗教でなければ」とのコメントも多数ありましたが……。

さて、及川外務局長は、何も見ずにさらっとテイクワンでＯＫ。ところが技術的なミスがあってもう一度収録となり、一回目と違った話も盛り込みつつ、時間キッチリおさめました。さすがでした。

有楽町で第一声

7月4日の朝は雨。7月にしては少し肌寒い日でした。いよいよ選挙戦です。こういう雨は「島津雨」と言います。鹿児島では、戦国時代から雨は吉兆で、ゲン担《かつ》ぎです。

今回の「第一声」は、有楽町駅前で、東京都選挙区で出馬する七海ひろこ候補と行いました。たくさんの支援者が集まり、メディアの皆さんも多数お越しくださり、報道してくれます。ただただありがたい、という気持ちになります。

これまでやってきたことを振り返れば、不十分なところも多々ありますが、「腹を括る」しかありません。まず、七海候補が、持ち前のエレガントさ全開で、東京の繁栄ビジョンを訴えました。その後に、私もマイクを握って、全国の支援者の皆様に届ける気持ちで声を張り上げました。

「有楽町駅前をご通行中の皆様、幸福実現党党首、釈量子でございます。ありがとうございます。本日、参院選の火ぶたが切られました。私たち幸福実現党、今回は9つの選挙区で候補者を擁立《ようりつ》いたしました。そして比例代表には3人が出馬します。合計12人、全身全霊、不惜身命《ふしゃくしんみょう》で戦います。どうぞよろしくお願いします！」

産経新聞電子版が速報で、第一声の全文を掲載してくれました。

この日は、第一声から、埼玉県の浦和、群馬県の高崎、新潟県の長岡、燕三条、新潟駅と、上越新幹線を使って動きました。これから連日、怒涛《どとう》の街頭演説です。

喉《のど》とはちみつ大根

各地で街頭演説を繰り返していたのですが、選挙序盤で声が枯れ、声がだんだん出なくなりました。これは、痛恨の極みです。口ひとつで勝負をするのが選挙であり、声が出なくなったら、選挙区候補の応援もロクにできません。

どうやら、有楽町の「第一声」から飛ばしすぎたようです。メディアでも報じられるし、また党の方でも動画を配信すると聞いていたので、気合を入れすぎたのです。

声が出なくなった時の私の定番の対処法は、漢方薬（響声破笛丸《きょうせいはてきがん》）と、のど飴を一緒になめること。漢方がやや苦いので、甘いのど飴と一緒に口に入れます。これは福島県本部の支部代表から教えてもらいました。

漢方でダメなら、次は吸入器です。病院で処方してもらったお薬を入れます。それでもダメな場合、ステロイド剤を処方してもらいます。歌手のＴＯＫＭＡ《トクマ》が「最悪の時」のために教えてくれました。プロのノウハウはいろいろあるものです。

しかし、今回、なかなか効果が見られませんでした。

意外に効き目があったのが「チョコレート」です。富山県の支部後援会のＳさんが「カカオには炎症を抑える効果がある」と言って、糖質ゼロのチョコレートを持ってきてくれました。おかげでその後の集会を乗り越えました。

ところが翌日、また声が出ません。大阪府の数森圭吾《かずもりけいご》候補の応援で駆け付けた難波高島屋前の街頭演説では、私が声を発したその瞬間、集まった方々から「うわー、釈さん声が出えへんやん！」という表情が見て取れました。

ああ！　申し訳ない！　泣！！！

頼もしいことに、数森圭吾候補が、「大阪・かずもり・てんこもり」「商都・大阪の復活なくして日本の改革はない」と、大阪人の心をわしづかみにする面白い話をして、大勢の方を沸《わ》かせてくれました。数森氏は党の若手の中でも兄貴分で、後輩、同僚から「カズさん」と慕われています。

そんな中救われたのが、選挙も終盤に差し掛かった7月13日、大川隆法総裁が講演「幸福への論点」の中で、「はちみつ大根」に触れられたことでした。２０１１年5月22日、香港に巡錫《じゅんしゃく》された際、前日のフィリピン講演会で激しく獅子吼《ししく》されて、声が出なくなり、その時、「はちみつ大根」を使用されたというエピソードが、なぜか披露《ひろう》されたのです。言葉にならないほど、ありがたく思いました。

翌日、沖縄県に入り、早速、那覇に住む元上司で、料理上手のNさんに電話をして「はちみつ大根を作ってほしい」とお願いしました。

夕方、広口瓶いっぱいに大根とはちみつを入れて漬けたものを、那覇のホテルに持ってきてくれました。おかげで沖縄の3カ所の街頭演説は、嘘のように声が出たのには驚きました。また京都でも、はちみつ大根を作っていただき、涙が出るほどありがたかったです。

はちみつ大根の作り方

（1）大根の皮をむき、1㎝角程度に切る。

（2）大根が漬かる程度にはちみつを入れる。

（3）冷蔵庫で寝かせる。

（4）上澄みのシロップをストレートで、または水やお湯で割って飲む。

選挙の最終日まで、はちみつ大根を作り続けましたが、使用したはちみつは、合計1キログラムに及びました。

ミニ集会で政治と宗教のハードルを乗り越える

「ミニ集会」は、都心部のような住宅環境ではなかなか難しいところがありますが、地方ではたくさん開いてもらいました。

ご近所の皆さんをお呼びしてお茶の間で語り合う。ただそれだけのことなのですが、「党首が来る」となると、開催する側にもそれなりの準備が必要です。しかし、ミニ集会は「政治」と「宗教」のハードルを越える大きな機会になるのです。

私も、最初の頃は、「一期一会」「一球入魂」の精神で、党の政策を力一杯、訴えていましたが、回数を重ねるたびに、年齢に合わせて、地域に合わせて、関心に合わせて、肩の力を抜いて話すようにしました。

特に喜ばれたのが「母の起業エピソード」です。

「私の母は昭和15年生まれなんですが……」と言ったその瞬間、そのあたりの年齢の方は一斉にうなずきます。

「母が67歳の時に起業して、蕎麦《そば》屋を始めたんです。次々にテレビに紹介されて、お客様が押し寄せるようになったんです」

母の店はNHKから在京の民放まで、いろいろな番組で取り上げてもらったので、番組名を言うと「ああ、あれね」「知ってる！」と声が上がります。

また、「この地域は、蕎麦ですか？　うどんですか？」と問いかけると、新潟県なら「へぎ蕎麦」、群馬県は「ひもかわ」、香川県の「讃岐うどん」などと、話が膨《ふく》らみます。

蕎麦やうどんなどの粉食文化は、日本中に存在します。昔は、米は年貢として納め、米の代わりに小麦を栽培し、粉にして水で練って主食にしてきたといわれます。私の実家の東京都小平市あたりは、武蔵野台地でとれた地粉を使った手打ちうどんが、郷土食として残っています。戦前は、年越し蕎麦ならぬ〝年越しうどん〟を食べて、「ツルツル、かめかめ」と縁起を担いだと聞きました。

こうした地域の話で盛り上がってから、地方の活性化策について話すと、とっつきにくい政治の話も自然にできます。

また、趣味の集まりに参加させていただくこともありました。

愛媛県では詩吟《しぎん》愛好者の集いにお邪魔し、剣舞でよく披露されるという演目「某《ぼう》楼《ろう》に飲《いん》す」を代表の方が朗々と吟《ぎん》じてくださり、大いに励まされました。

ミニ集会は場所も選びません。兵庫県では、昼間の銭湯の脱衣所に、ご近所の方が集まってくれました。天窓から燦々《さんさん》と日の光が注ぎ込み、洗い場では清潔に洗われた水色のタイルが光って、とっても明るい気分になります。まるでハワイです。

三重県では、カラオケ店で「無法松の一生」の二番を歌いながら、自己紹介をしました。

また、静岡県では仏間に、ご近所の方１００名近くが、座布団持参で集まってくださったこともありました。

他にも、体育館で、駐車場で、病院の待合室で、農道で、野球やゲートボールの試合の脇で、会社の朝礼で、朝のラジオ体操で、バーベキュー大会で、神社の軒先で、２人でも３人でも１００人でも、人がいたらご挨拶をさせていただきました。

ミニ集会は、移動時間も含めると一日15回ぐらいが限度ですが、大きな講演会場よりもたくさんの方に会うことができました。

キャリーケース死す

選挙は、とにかく歩いて、歩いて、歩いて、握手して、握手して、握手してという連続です。そのため、候補者はよく、テーマカラーのポロシャツなど、スポーティな服装をします。

私の場合は、明るい色のスーツか、白いスカートにオレンジや黄色などのジャケットを着用しました。また応援演説では、選挙区の候補者と、服の色がかぶらないように色の違うジャケットを複数、持ち歩きます。靴は、ゴム底のパンプスですが、これも雨の時のために替えを持っていきます。

このように荷物が多くなり、移動も激しいためか、出張先に引っぱっていくキャリーケースの寿命が持ちません。

３年前の参院選の時、福岡で、軽量かつ頑丈で知られる有名なS社のキャリーケースが、ハンドル部分の故障で使えなくなり、慌《あわ》てて博多で替わりを購入したことがありました。その時に買ったR社のキャリーケースは、翌年の選挙で、車輪部分が破損しました。その後、さらに頑丈と思われるT社のキャリーケースを購入したのですが、１年後に新幹線の車内で倒してしまったところ、ハンドル部分が真っ二つに折れてしまいました。

海外メーカーを使い倒して、現在は国産のA社に落ち着いています。やはりメイド・イン・ジャパンです。

「足払いの霊」に気を付けろ

「ええ?　また!?」

選挙中に必ずといっていいほど耳にするのが「○○候補が転倒した」「○○候補のお母さんが足の骨を折ったらしい」といった報告です。

最近は「〝貯筋〟のほうが銀行に預ける〝貯金〟よりも大事」とも言われます。足を上げる大腿筋《だいたいきん》が弱くなり、ちょっとした転倒をきっかけにして、寝たきりになる人もいます。かくいう私の父も、自転車で転倒して大腿骨を折り、手術をしたばかりです。

しかし、シニア世代のみならず、滑《すべ》った、転んだ、アキレス筋を切ったなどの話が多く、党本部のスタッフの間で、自然発生的に「選挙中は〝足払いの霊〟に気をつけろ」という合言葉が生まれました。

2016年の10月に行われた新潟県阿賀野《あがの》市議選の時は、横井基至《もとゆき》候補（現・市議）のお母さんが足の骨を折り、松葉杖をつきながら親類縁者への挨拶を敢行《かんこう》しました。そうした必死の努力の甲斐あってか、当選を果たしました。

選挙は、テンションも高くなり、慌ただしく駆け回るものです。しかし足元には十分気をつけなくてはなりません。

怖い思い

「選挙戦」と言われるように、選挙は「戦い」です。それは、言論や思想で戦うという意味ですが、時折、「戦い」ならではの荒々しい場面も発生します。

街頭演説が野次《やじ》で荒れることはよくあります。安倍首相は2017年東京都議選の秋葉原での最終街宣で、演説中の「安倍やめろ」コールに対して、「こんな人たちに負けるわけにはいかない！」と張り合ってしまい、炎上しました。首相は今回の選挙でも札幌で「やめろ」の野次を飛ばされ、厳戒態勢の警察官が男性を排除しようとしてもみ合いになったと報道されています。

そのような大騒動にはなりませんでしたが、私も演説中に何度か激しい野次を飛ばされました。ある時は、街宣車の上まで、見知らぬ男性にはしごで上ってこられてしまい、泣きたくなるような時もありました。ただ、それは、私たちに「反対意見がある」ということでもあります。私たちの存在意義があることの裏返しなので、ありがたいことだと受け止めています。

移動中の交通手段のトラブルも、けっこうあります。

今回の選挙で一番肝を冷やしたのが、高速道路のトンネル内でのエンストでした。岐阜駅での街頭演説を終えて、地元の支援者のFさんの新車で富山市にある公民館に向かうことになったのですが、高速のトンネル内で、突然エンジンから「ウ～～～ン」と異音があり、いくらアクセルを踏んでもどんどんスピードが落ちていきました。そしてついにトンネル内で止まってしまったのです。

トンネルは全長2700メートル。後ろからは猛スピードで飛ばしてくる車が続き、大変危険な状況です。「とりあえず車から降りよう」と焦った同乗者の一人が、車道側に出ようとしました。普段は温厚なKさんから「バカヤロー！　死にたいのか！」と怒号が飛びました。

何とかトンネル内にある非常用道路に移動し、そこで待機しました。同行したM君がトンネル内の非常用電話で高速道路の管理会社に電話をして状況を伝え、ＪＡＦに出動を要請しました。

後続車がエンストしている車にぶつからないよう白煙灯をたく際も、ドタバタでした。Ｋさんは白煙灯を持ちながら「読めない。読めない」と慌てています。暗いトンネル内で、しかも字が小さすぎて、白煙灯の説明書が読めなかったのです。

結局、運転手のＦさんだけを残し、別のスタッフに連絡を取って、最寄りの岐阜県本部高山支部の支援者に迎えに来てもらい、何とか40分遅れで会場に飛び込み、個人講演会を開催することができました。

車は、レッカー車で運んでもらい、ＪＡＦの技術者に見てもらったのですが、何の問題もなかったとのこと。その後、エンジンは嘘のように回復しました。

最終街宣の絶叫

7月20日、選挙戦の最終日の最終街宣は、初日の第一声と同じ有楽町でした。七海ひろこ候補とともに街宣車に上がり、感謝を込めて、「最後の訴え」を行います。拡声器を使っての演説は、20時きっかりに終えなければなりません。いわゆるマイク納めです。

当選をかけて最後のお訴えをぶつける最終街宣は、候補者としては必死なので、絶叫調になりがちです。聞いている方々は、さぞや怖いのではないかと思います。しかし、最終日の街宣の動画をネットで観て、ファンになったと言ってくださる方もいらっしゃったりするので、わからないものです。

今回は日付が変わる直前までインターネット番組の「ザ・ファクト」に、七海ひろこ候補とともに出演し、参院選は幕を閉じました。

選挙を終えて

開票の結果は、「20万2278票」となりました。

議席を獲得できなかったばかりか、2016年の参院選でいただいた比例票からも大きく減らしました。申し訳ないという気持ちでいっぱいになりました。

今回は、2016年の参院選と違って全選挙区に候補者を擁立せず、比例代表での当選、政党要件獲得を目指しました。

そのため、各地の運動量が減少し、熱量を上げられなかったのです。

そうした戦い方を選択した背景には、憲法改正が念頭にあったことも事実です。

2016年の参院選では、私たちがすべての選挙区に候補を擁立したため、自民党、野党連合に加えて、幸福実現党が第三極となりました。メディアに「幸福実現党が出たために、自民党の議席を4つ削った」と書かれてしまったのです。私たちとしてはそのような意図はまったくなく、選挙区の合算で政党要件の獲得を狙ったのですが、重い責任を感じました。

「ワン・イシュー（単一争点）」で勝ち上がった新政党

一方で、「れいわ新選組」「ＮＨＫから国民を守る党」などの新しい政党が躍進《やくしん》しました。この二つの新しい政党には３００万票程度が流れました。彼らのようなワン・イシューで話題性のある政党に注目度が集まり、幸福実現党としては、それを超える話題性や新鮮味をつくり出せませんでした。

「ＮＨＫをぶっ壊す！　さあ皆さんご一緒に」という軽妙な政見放送には私も思わず笑ってしまいましたが、インターネットで事足りる時代、ＮＨＫを見ないのに高い受信料を徴収されることに不条理を感じる人も多いでしょう。そうした声を見事に吸い取って票にしたことは注目です。

政策面でも、私たちが掲げてきた消費税の減税については、「れいわ」をはじめ、複数の党が訴えていました。「れいわ」は、消費税の増税に反対でも、所得税や法人税の税率を上げ、お金持ちから取るという主張であり、結局は「増税政党」です。しかし、彼らの印象深いパフォーマンスもあって、立党時から消費減税をはじめ、減税を訴えてきたわが党の主張は埋もれてしまい、支援者の皆様も違いを伝えるのが難しかったのではないかと思います。無党派層に幸福実現党の考えや政策に興味を持ってもらえなかったことが、悔やまれます。

しかし、幸福実現党が「ワン・イシュー」で戦うべきなのかといえば、そうではないと考えます。日本中の政党が避けて逃げている政策を、真正面から打ち出してきたのは、国家のあるべき姿を取り戻したいからです。

日本の課題は山積しています。今、必要なのは、ワン・イシューではなく、国家的課題に応える、包括的な政策を打ち出すことです。

選挙後の「サンデー毎日」8月11日号に、「参院選、なぜ『アベノミクス』『日本の自立』を問わなかったのか」という記事が掲載され、ジャーナリストの田原総一朗氏が次のようにインタビューに答えています。

いわく、「野党もアベノミクスを批判するだけでは政権は取れない。それに代わる包括的な経済・財政政策を構想しないと国民も判断のしようがない」、「トランプ大統領が日米安保を不平等だと露骨に言い始めた。一方で、日本からも不平等の改善を望む声が大きくなった。時代が日米安保体制の再点検を求めているのに、安倍自民党も野党も手を出さない。出せない」、「自前の核を持たないのであれば、この核時代にどう自国の安全を担保するのか。実はこの選挙でも七党に聞いた。どの党にも回答がなかった。判断停止状態だ」と語っています。

こうした問題に、幸福実現党は、いずれも真正面からお答えしました。しかし、届かなかったのです。選挙に向けて新聞各社は、どこも「政策論争を」と社説で提言しますが、訴えているところがあっても、取り上げてはもらえなかったのです。

組織のありがたさ

新しい党の躍進を見ても、党首としての力量不足を痛感するばかりです。かくなる上は敗戦の責任をとって切腹したいとすら思いました。正直、「これ以上は無理なのではないか」と限界を感じたこともありました。しかし、支援者の皆様から、「続けろ」というお声も多数お寄せいただきました。投げ出すのはある意味で簡単です。現代の選挙は、戦国時代の合戦と違って、負けても命を取られない代わりに、敗北の屈辱を背負いながら、もう一度、もう一度と、戦い続けなくてはならないという、別の意味での過酷さがあります。

そういう中、天命が残されているのかどうかは、神のみぞ知るところです。

しかし、世の中を変えるまで断固、戦い続けたいという思いは、おそらく誰よりも強いのではないかと思います。何度倒されても、泥だらけになっても、不条理や悪に対して、戦闘意欲を失わないのは、そういう星の下に生まれたというしかありません。

また、私自身の能力に限界はあっても、幸福実現党に集う同志たちは、私以上に優秀な人ばかりです。党の未来を支えてくれる若者も続々と現れ、成長しています。新しい世代には、私たちの背中を乗り越えて羽ばたいてもらいたいという思いは常にあります。私自身、この地球に住むすべての人びとの幸福のために、茨《いばら》の道を切り拓き、踏み固めていくその歩みは、人生最期の日まで止めないつもりです。

幸福実現党の強さは、創立者である大川隆法党総裁から発される政治哲学などの「ソフト」はもちろんのこと、「組織」にもあると思います。大川総裁が、幸福実現党を創立した理由は、２６００年前の釈尊《しゃくそん》が、僧団（サンガ）をつくり、無限の彼方に法を伝えんとされたのと同じだと思うのです。この国を、世界を本気で救いたいから、子々孫々、未来に夢をつなぎながら、組織で戦いを続けていこうとされているのではないでしょうか。
大川隆法党総裁の言葉、「幸福実現党の目指すもの」は、次の一文で締めくくられています。

「ユートピア創りの戦いは、まだ始まったばかりである。
しかし、この戦いに終わりはない。
果てしない未来へ、
はるかなる無限遠点《むげんえんてん》を目指して、
私たちの戦いは続いていくだろう」

この言葉がすべてを表しています。私たちは戦いを続けてまいります。

2. 立党10年で分かったこと

総裁の「不惜身命」で点じられた心の火

２００９年の立党から10年がたちました。

その間、多くの幸福維新の志士たちが立ち上がり、敗れ、そしてまた立ち上がり、何度も何度も戦いを繰り返してきました。立党当初は私も、10年もたてば、日本をふたたび成長軌道に乗せ、日本の誇りを取り戻し、近隣諸国の脅威をはねのけて、日本は再び輝いているだろうと思っていました。

しかし、私たちの力不足で、日本を大きく変えるには至っていません。

そして、選挙の後に、「もう諦《あきら》めたほうがいい」という声も聞こえてきました。

そんな時に思い返すのが、２００９年の情景です。

6月25日、幸福実現党が立党して1カ月ほどたった頃です。私は当時、母体の幸福の科学で青年部や学生部を統括する役職（ヤング・ブッダ局長）にあり、若い世代を育てる仕事をしていました。その日は、地方の学生たちとの集会のために出張の予定があったのですが、総合本部から「急ぎ、池袋に行ってくれ」という連絡が入りました。

大川隆法総裁が急遽《きゅうきょ》、池袋駅、渋谷駅、新宿駅で街頭演説をするというのです。

「街頭演説？」

想像もつかないまま急ぎ向かうと、池袋駅西口のロータリーに大きな街宣車が横付けされていて、その上に大川総裁が上がり、演説が始まりました。

「池袋のみなさん、こんにちは。私は、このたび幸福実現党を創設いたしまし

た大川隆法です。

私が、本日、みなさんに最初に言いたいことは、『あなたがたは、すぐに死にたいですか。どうですか』ということです。

『何を言っているのか』というと、お隣の国、北朝鮮で、今、ミサイルが組み立てられていて、核兵器を小型化し、いつでも日本に撃ち込めるような状況をつくろうとしているんです。それは妄想や空想ではないのです。現実です。

ところが、自民党も民主党も何ですか、あの体たらくは！」

街宣車の手すりから身を乗り出すようにして、いつもとは違う雰囲気です。

「今、日本の国民が生命の安全を脅かされているのに、何一つ具体的な方策を取ろうとせず、『国連に訴えます』ですって？　いい加減にしなさい。

国連に、今まで、何十年、いくら金を貢《みつ》いだと思っているんですか。それだけの金を貢いだら、常任理事国になっていて当然です。なぜ、なれない。日本のために働く国連ではないからです。

自分の国ぐらい、自分で守りなさい。

世界第二の経済大国でしょう。世界最貧国に脅されるとは、なんたること。恥ずかしいことです。国辱《こくじょく》です。『国恥《こくち》』という言葉を総理大臣以下に贈りたい。国の恥です。恥ずかしいことです。

世界最貧国に脅されるとは、なんということであるか。麻生太郎よ、〝切腹〟せよ！」

「腰が抜ける」という経験は、子供の時に近所の家が火事になり、火の粉がわが家に降りかかるのを見た時以来でした。

幸福の科学の職員として様々な経験をしてきたつもりでしたが、まさかこんな日がくるとは思いもよりませんでした。総裁の説法は、総合本部や精舎の礼拝室などの聖なる霊域で行われるものです。よりによって、〝娑婆世界の極み〟のような駅前で、通りがかりの人に向かって演説をするなんて、いったい総裁は何をされようとしているのか、理解ができません。

衝撃でクラクラしながら、次の街頭演説が予定される渋谷駅前に向かうと、スクランブル交差点に先ほどの街宣車が止まりました。騒々しい人通りの波に向かって、今まで聴いたことがない太く響く声で、演説を始めました。

「今みなさんの前に立っているのは、宗教法人幸福の科学の創立者であり、総裁でありながら、同時に、幸福実現党の創立責任者である、大川隆法です。

私がみなさんの前に『姿を現す』ということは、『この国が、今、危機にある』

ということです。

『もはや、自民党においても、民主党においても、この国を救うことができない』と見切ったからこそ、今、立党に踏み切ったのです。

艱難辛苦《かんなんしんく》よ、われらを苦しめるなら、苦しめるがよい。されど、われらの、『誠心誠意、この国を救い、この国民を救いたい』という気持ちは止めることができないのです」


それは、「不惜身命」だったのです。

当時は明かされていませんでしたが、立党の5年前の２００４年5月14日、47歳の大川隆法総裁は、心筋梗塞による心臓発作に襲われました。

翌日に病院に行くと、肥大化した心臓は収縮しておらず、医学的には「すでに死んでいる」ことが分かったということでした。心筋梗塞、心不全、肺水腫、無痛性狭心症を併発した状態だったといいます。

ところが総裁は、その後、奇跡の復活をなし、２００７年からは全国・全世界に巡錫を開始し、２００９年に幸福実現党を立党したのです。その後、２０１０年には幸福の科学学園中学校・高等学校の那須本校を開校。２０１３年には関西校も開校します。驚天動地のスピードでした。

宗教活動に加えて、政党や教育事業、社会活動、映画等の文化活動をも同時並行的に広げ、救世運動を展開しているのは、「不惜身命」の思いが具現化したものだったのです。


「この国の人々を守ってほしいのです。

この国の人々の未来を守ってほしいのです。

この国の人々に死んでほしくないのです。

この国の人々に、日本という国が植民地になる姿など、決して見せたくないのです。

だから、私たちは戦います。

たとえ、嘲笑《あざわら》われようとも、「宗教ごときが何を政治に乗り出しているのか」と言われても、やります。

正しいと思うことについては、勇気を持って戦います。

それによって、幸福の科学が利益を得ようが得まいが、そんなことは、どうでもよいことです。

不惜身命です。

宗教家として世に立って以来、すでに命は捨てています。

真理のために戦います。

その戦いを、命尽きるまでやめません！

宗教家が畳の上で死ねるとは思っていません。
私は、やります。
国民のみなさまの熱い応援を期待しています」

『政治に勇気を』第3章

これが、私たちの師です。弟子である私たちも「不惜身命」で後に続くのみです。

2019年の参院選は異常な低投票率

改めて現在の日本の状況を見渡せば、政治への無関心はかなり危機的な状況に来ていると思います。

今回の参院選の投票率は、選挙区で48・80%、比例代表で48・79%でした。

過去最低だったのは1995年の44・52％（選挙区）です。「投票率が50％を割り込んだのは、後にも先にも1995年だけ」とよく言われていたので、今回はそれに続く、驚異的な低投票率だったといえます。

ちなみに1995年は、前年に「自・社・さきがけ」による連立政権が誕生した後の参院選で、細川内閣、羽田内閣と、政治不信が渦巻いていたころでした。

今回、投票に行かなかったのは若い人たちだけではありません。ある経営者によると、「中小企業を応援する政党がない。選挙に行っても入れるところがない。だから、まともな経営者も、選挙に行かないという人が増えている」というのです。

こういう声を聴くたびに、「私たちがいます」と声を大にして言いたくなります。もし、そうしたお声にしっかりと届くように訴えられていれば、私たちの伸びしろは、相当あるはずなのです。

また、「選挙をしても意味がない」と思っている人たちも投票には行きません。

本当に大事なことを「争点」に掲げることなく、「公約」も平気で破るなら、誰がわざわざ選挙に行くでしょうか。

２００９年に鳩山由紀夫氏は「消費税は４年間上げない」とマニフェストに掲げて衆院選を戦いましたが、民主党政権が誕生して４年もしないうちに、野田佳彦首相（当時）が、自民党、公明党とともに「税と社会保障の一体改革」に着手。消費税を２０１４年４月に８％、２０１５年10月には10％に引き上げることを決定しました。これは公約破りと言えます。

しかも野田首相は松下政経塾出身。塾主の松下幸之助氏は「無税国家論」を掲げていましたから、師を裏切る行為でもありました。恩知らずにはなりたくないものです。

今回の参院選では、２００９年に「消費増税」を推進した旧民主党所属の議員が、またぞろ減税を訴えました。その変節をもって「選挙対策だ」というなら、選挙とはいったい何なのでしょうか。

政治活動と選挙運動の違いの分かりにくさ

また、こんなばかばかしい仕組みがあるものかと思うのが、「政治活動」と「選挙運動」の違いです。図で示せば次の通りです。（次ページ参照）

①政治活動

・後援会活動ができる。政策や信条を伝えて支持を訴えることができる。

・投票の依頼はできない。

公示日前日までが「政治活動」の期間です。

たとえば2019年の参院選の公示日は7月4日でした。それまでは「政治活動」として有権者を訪問し、政策の支持を訴え、「後援会」に入ってもらうようお願いすることができます。ただし、「次、どの選挙に出るので投票をお願いします」というのは、「事前運動」とされて禁止されます。「7月の参院選」に「釈量子」が出るので「投票してください」とは言えないのです。もうすでに何を説明されているか、分からない人も多いのではないでしょうか（苦笑）。

②選挙運動

政治活動と選挙運動

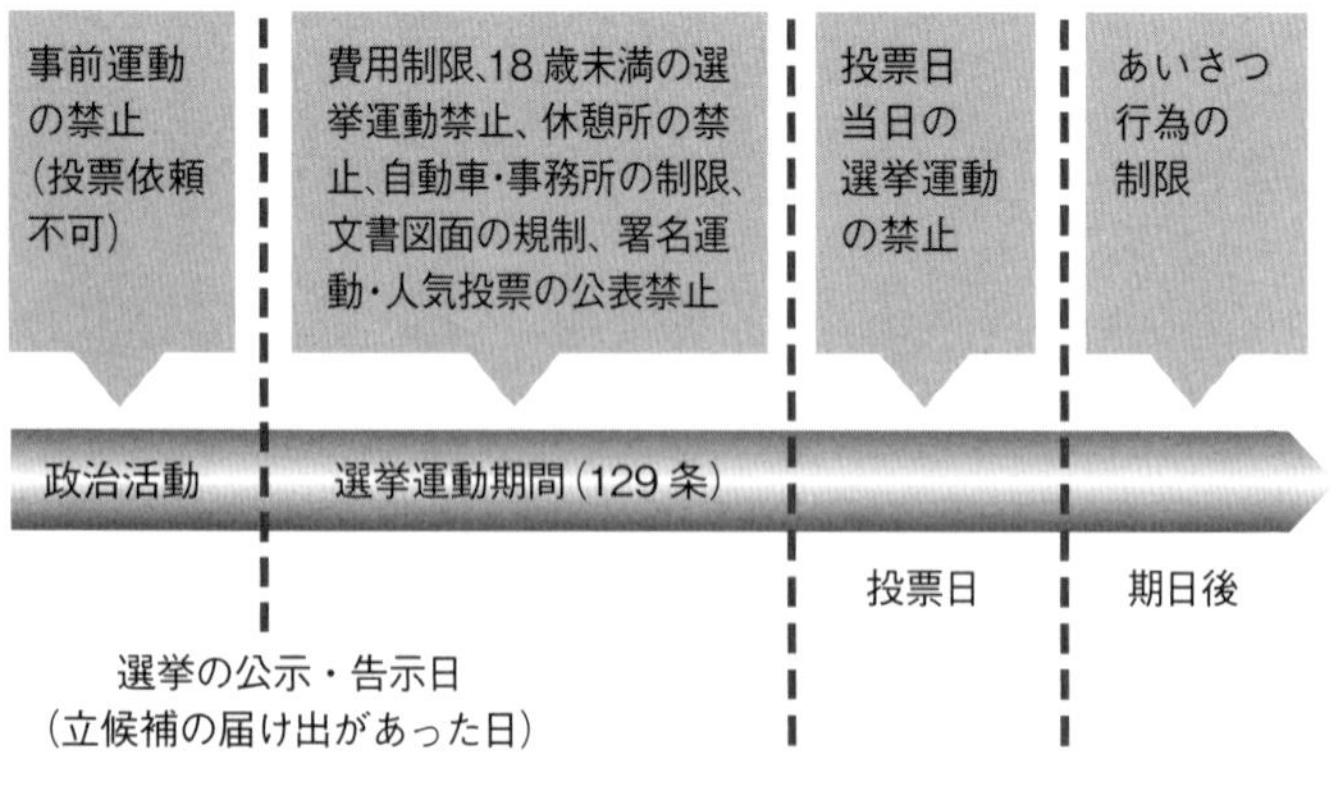

・投票を依頼する。
・選挙カーを走らせる

いよいよ選挙となり、公示日に候補者が届け出をしてから「選挙運動」に入ります。選挙期間中は、できることがかなり制限されます。

ポスターの張り替えや、証紙のないチラシを勝手に配布するなどは禁止されています。そして投票日前日の夜中の12時を過ぎると、「選挙運動」をしてはいけません。

何がOKで、何がダメなのか。

分からない場合は、選挙管理委員会に電話して尋ねます。しかしその選管も、ある県によっては○で、別の県だと×というように、解釈が違うこともあり、複雑極まりないのです。

こうした規制は、平等に選挙を行うためだというのですが、結局は、選挙慣れした既成政党しか選挙ができない状況を生んでいるのは確かです。今の制度では、簡単に「犯罪者」になってしまうため、怖くて立候補や選挙運動に踏み出せない。つまり、「参入規制」が目的なのは明らかです。

諸外国と比べて異常な選挙規制

選挙のたびに、不思議に思うのが、街で見かける海外の人の反応です。特に、選挙カーの上で、マイクを持って街頭演説を行っていると、必ずといっていいほど、カメラを持った外国人が目を丸くして、驚いた表情で写真を撮っていきます。

一度、女子スタッフが外国の方に「何が面白いのか」と聞いたところ、「大きな顔の写真を張り付けた車が面白い」のだそうです。もしかしたら、日本の選挙カーは、江戸時代の旅芸人の一座の興行か、お祭りでお囃子《はやし》を乗せた山車《だし》のような伝統文化の流れを引いているのかもしれません。

そもそも、諸外国には「選挙運動期間」という概念がありません。ゆえに、事前運動（公示前に投票依頼をする）の禁止もありません。さらに戸別訪問の禁止もない。文書図画の細かい規制もありません。日本は本当に規制が多いのです。

最たるものは、供託金です。日本の場合、出馬するなら異常に高い供託金を支払わねばなりません。グラフを見れば明らかですが、諸外国と比較すると、日本はダントツの1位です。お金がないと立候補すらできません。

没収ラインも高くなっています。供託金の存在について違憲訴訟を起こした人もいますが、結局敗訴しています。

投票率を上げるために、海外では思い切ったことも行われています。「罰金」です。ベルギー、スイス、ルクセンブルクなどのヨーロッパ各国で導入されていて、オーストラリアでは、投票に行かないと1600円程度の罰金を払わねばなりません。

キプロスやフィジーでは、投票に行かないと「入獄」と、義務投票制もそれはそれで怖いように思います。

ちなみに、日本では投票所に足を運び、手書きで正確に候補者の名前を書かないと有効票になりません。私の場合、届け出の際に「釈量子」名を「釈りょうこ」にしていますが、それは「量子」を、女優の篠原涼子さんの「涼子」と書き間違えたりすると、有効票になるかどうか分からないからです。なお、女優の釈由美子さんと姓が同じために混乱する人も多く、「どれだけファンでも、由美子って書いたらダメですよ！

世界でも突出して高い日本の供託金

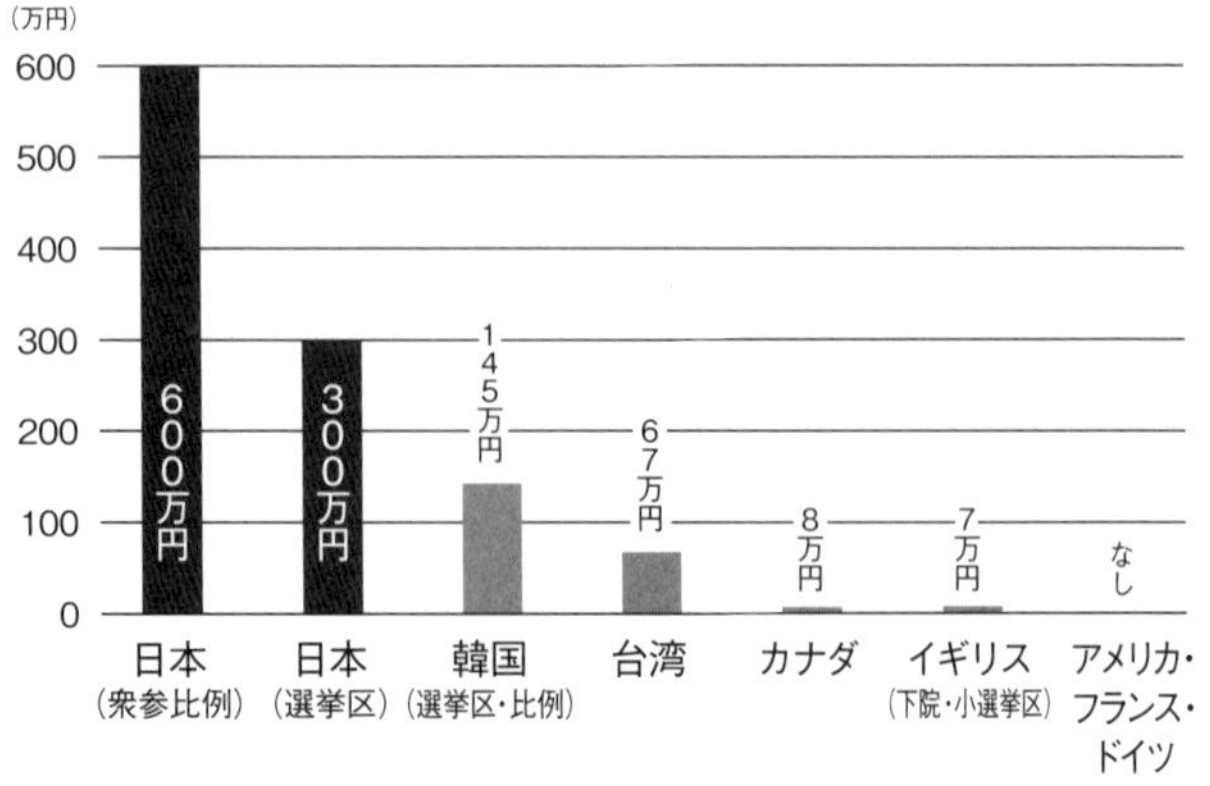

間違えないでくださいね！」と何度念押ししたか分かりません。

インドやブラジルなどでは、識字率の低い地域があることと関係しているようですが、電子投票機のボタンを押すだけで投票ができます。日本もそのようにしてもいいのかもしれません。

ＳＮＳとインターネット

公職選挙法が改正され、２０１３年の参院選から、選挙でのインターネットの活用が可能となりました。それにより、選挙でもインターネット上の発信を強化したり、ツイッター、フェイスブック、ラインを選挙戦略として重視したりする陣営も増えてきました。

私も、前回の参院選のあたりから移動時間の使い方が変わってきました。

以前は移動中にはよく書籍を読んでいたのですが、今はツイッターでコメントを投稿したり、フェイスブックに活動報告をアップするのに、かなりの時間を割く必要が出てきました。若い子は片手でサクサク入力できますが、私は結構、時間がかかります。発信を励みにしてくださる支援者のために、また幸福実現党をご支持いただける人が増えるよう、せっせと打ち込みました。

今回、自民党から出馬した山田太郎氏が、比例代表で54万票を獲得しました。若い世代を中心に、漫画やアニメ、ゲームファンからの支持を受け、独自の「ネットどぶ板戦術」で当選を果たしました。

2019年8月23日付朝日新聞で、山田氏は「団体や地縁血縁で票を取りまとめる選挙はもう古くなっています」「SNSは生き方であり、その人の『内面』なのです。ネットを通じて有権者と『内面的』に関わりを持てるか、そしてその人たちの『受け皿』になれるかが、令和の政治の勝負になると思います」と述べています。

双方向の仕組みを生かし、ネットだけで票を集めた成功事例でした。

同時に、匿名性ゆえに、間違った情報が拡散しやすくなり、それが選挙のみならず、事件となり、社会に害悪をもたらすケースも発生しています。

台湾の蔡英文総統は、3月2日付産経新聞のインタビューで、中国共産党の「網《もう》軍《ぐん》（サイバー部隊）」について、昨年11月の台湾統一地方選で中国寄りの野党・国民党と「協力関係にあった」と述べるなど、中国の選挙介入を警戒する発言をしています。中国共産党政府は、「一つの偽情報を書き込むと5毛（5セント）」の報酬で、大量のサイバー部隊を擁《よう》していることが知られています。国家が情報工作に用いているのです。

幸福実現党も、こうした状況と無関係ではありません。

YouTube の動画でも、幸福実現党に対する誤解や偏見を煽《あお》り立てるものが数多くあります。アクセス数によって広告収入が入るので、刺激的な見出しをつけてアクセスを上げるチャンネルは後を絶ちません。

訂正を申し入れても一向に改善されず、いたちごっこのように繰り返される嘘にいちいち反応し続けることもできません。

最近、信頼性を傷つけるようなチャンネルが増えたことを背景に、YouTube は問題のある「アカウント」を「バン」（締め出す）するようにもなりました。ただ、これもエジプトのように、政府批判をするサイトはすべて「フェイクニュースである」と制限されるようになっては行き過ぎでしょう。

私は、民主主義が花開くには、「複数性（プルラリティ）」つまり多様な意見を尊重することが大事だと思います。しかし、「言論の市場」で間違った意見が広がり、それを面白がっているうちに、正しさを見失う社会であってはならないと思います。

宗教は、どこまでも真理を探究し、その教えの正しさに命を懸けた開祖を信じ、伝えていくものです。私たちは宗教政党として、言葉で、姿勢で、正しさを伝えていくべく努力を続けてまいりたいと思います。

選挙後に、神奈川県選挙区で出馬した、壹岐《いき》愛子候補に聞いた話です。

ネット上で流布された噂を信じて、もう応援を止めると言い出した方のお宅に足を運び、事情を説明したそうです。直接会って話せば、「やっぱりそうね」と、再び応援の約束をいただけたといいます。もっとも、壹岐愛子候補は、学生時代は剣道で都大会個人準優勝という剣豪です。機転の利いた面白い話をするので、思わず説得されてしまう人も多いのではないでしょうか。

いずれにせよ、情報伝達のあり方が、大きく変わっているのは間違いありません。

七海ひろこの共産党批判

幸福実現党の党役員も、だんだん、鍛えられてきていると思います。

特に、長足《ちょうそく》の成長を見せているのが、七海ひろこさんです。

2016年の参院選初日に、都内で一緒に「第一声」を行ったとき、「これから大丈夫かな」と若干心配したのですが、地方を回っていた私が選挙終盤に都内に戻ってきたら、堂々たる様子で演説をし、オーラを放っていました。

さらに、「変身」を遂げたのが、その2016年参院選直後に行われた都知事選です。参院選の直後、勢いに乗って出馬を決め、東京の繁栄ビジョンを掲げて、戦いました。

七海さんは、一緒にいると周囲を引き立てて、自分は一歩引くような慎《つつ》ましい面があります。しかし一人になると、華やかなタレントのように目立ちます。

2017年に、七海さんと徳島県の阿波踊りに参加した時、現地でお会いしたタレントさんが、七海さんに「てっきり〝業界の人〟かと思いました」と言っていました。

そんな七海さんの秘められた「本性」が見えたのが、2019年の参院選です。女性候補としては珍しい「共産党」批判の急先鋒になったのです。

選挙終盤に、渋谷のスクランブル交差点で街宣車に乗っていた七海さんの目に入ったのが、日本共産党と、立憲民主党の陣営でした。

「もし憲法九条を守って平和になるんだったら、その憲法九条、中国にこそ認めさせていただきたい！」

これに気付いた共産党の支援者の集団が、七海さんに向かって大音量で批判の声を上げはじめたのですが、七海さんは歯牙《しが》にもかけないといった風でさらにパワーアップします。

「あなたたちは民主主義を汚《けが》している！」

私はこの様子を動画で見たのですが、たいへん驚きました。

YouTubeにあげられている動画には、たくさんのコメントがついています。

「よく言った！」「たとえ幸福実現党の後ろ楯が宗教法人でも、ここまで共産党をボロクソに言えるのは実に素晴らしい！　七海候補の演説内容にはほぼ同意します。比例には妻と2票投じます」などなど。動画を見れば、その勇気と人柄に感銘を受けた方が多いことが分かります。

エネルギーの源泉は読書

選挙中の一番のエネルギーの源泉は、やはり読書です。疲れた時、落ち込んだ時、迷った時に大川総裁の著書を紐解《ひもと》くと、「まさにこれは自分のために書かれている」と感じるような光の言葉に出会えます。孤独の中で戦う時は、いっそう心にしみ入る、魂の糧《かて》です。

旅先にはキャリーケースの中に6冊ぐらいを、普段はバッグに3冊ほどを、常に持ち歩いています。

選挙では、街宣の合間など、時間調整のような隙間時間が生まれることもあります。そんな時は近くの書店に立ち寄り、サッと新刊をチェックします。今朝読んだ新聞の書評に紹介された本を探したり、消費税関連の新刊などは、見つけ次第入手したりして、新しい論点がないか、切り口やデータをチェックしておきます。

私にとって本は「食べ物」で、本がないと生きていけません。時間を忘れるほど夢中になれる本との出会いは、人生最大の喜びだと思います。知的な刺激を与えてくれる本と「対話」する時、思想が響き合い、精神の世界において、素晴らしい友人が増えていくような感じがします。

参院選で持ち歩いたのが「リンカーン」関連の本です。中でも「掘り出し物」が、『デール・カーネギーの知られざるリンカーン』（デール・カーネギー著）で、名著『人を動かす』で知られる著者が、第16代大統領の知られざる側面に光を当てた一冊です。

丸太小屋に生まれた「正直者のエイブ」が、どのようにしてアメリカの大統領になったのか。19年間もの敗北の連続の後、勝利へと駆け上がった秘密は何だったのか。「聖書のよう」といわれるような美しい演説も、家族をめぐる壮絶な苦労も、リンカーンが生きているかのような筆致《ひっち》で描かれた素晴らしい伝記でした。

疲れて本が読めない時は、ドラマや映画を見て、気分を変えることもあります。

2009年、党として初めての選挙が終わった時のこと。なぜかわかりませんが思わず、「復讐の春秋—臥薪嘗胆—」というタイトルの中国ドラマをBOX買いしてしまいました。

「臥薪嘗胆《がしんしょうたん》」（※）という言葉が脳裏に浮かび、いつまでたっても消えませんでした。

春秋時代、呉王の闔呂《こうりょ》は、越王・勾践《こうせん》に敗れて戦死。闔呂の息子である夫差《ふさ》は、父の仇《かたき》を討つために、固い薪《まき》の上に寝て（臥薪）、その痛みで復讐の志を忘れない

※目的を遂げるために苦心し、努力を重ねること。
「史記」にある故事より。

ようにし、三年後に、会稽山《かいけいざん》で勝ち、勾践を降伏させました。

勾践は、夫差の馬小屋の番人にされるなど苦労を重ね、ようやく許されて越に帰国します。帰国後は、苦い胆《きも》を嘗《な》めることで（嘗胆）、屈辱を忘れませんでした。

その間、呉王・夫差は、先代の重臣・伍子胥《ごししょ》を処刑するなど狼藉《ろうぜき》を続けます。そして20年後、ついに越王・勾践は呉に攻め込み、夫差を破り、会稽の恥をすすいだという話です。

これは、「恨み心を覚えている」という教訓ではなく、「志を維持することの難しさ」を教えていると思います。

壁を破った時、すべては光になる

２０１６年７月６日、埼玉県・さいたまスーパーアリーナで御生誕祭（※）が開

※大川隆法総裁の生誕を祝う、幸福の科学グループ二大祭典の一つ。

催され、大川総裁が「地球を救う光」と題した講演をされました。ちょうど前回の第24回参院選の真っ只中で、投開票日が4日後の10日に迫る中、総裁は「壁を破った時はすべて光になる」と、力強く説きました。

「神の正義を樹立し、真なる宗教立国を行うまで、
私たちの戦いは終わらないのです。
二十一世紀を率いる若者たちよ。
どうか、私たちのあとに続いてください！
みなさんに期待しています。
もうすぐ壁は破れます。
山を打ち抜くとき、トンネル工事は必要です。
トンネル工事をしているとき、

それを掘っている人々には、自分たちの仕事が
値打ちを生んでいるかどうかは分かりません。
無駄な仕事をしているようにも見えます。
しかし、山を打ち抜き、トンネルが通ったときには、
それまでの無駄だと思われた努力が、
すべて『光』になるのです」

『地球を救う正義とは何か』

宗教政党であることの誇り

日本では、「宗教」というだけで棚上げされてしまうような社会の風潮があります。
それは、掘り抜くことができないような岩盤のようにも見えます。しかし、宗教政

党であることを堂々と掲げることは、私たちの誇りそのものです。

日本では、政治家が、宗教的信条を公にすることはまずありません。日本の総理大臣が「神と私」というような著作を世に問うことができるかと言えば、まず無理でしょう。しかし世界ではむしろスタンダードです。ドイツのアンゲラ・メルケル首相は自身の著書『わたしの信仰』で、政治的決断の根底になるものがキリストへの信仰であることを表明し、「宗教は常にわたしとともにあります」と信仰告白しています。

アメリカ共和党のマルコ・ルビオ上院議員は、ツイッターで、毎日のように聖書の一節を紹介しています。イスラエルやインドネシア、スリランカでは「宗教大臣」がいます。

私たちが宗教政党として、神や仏の視点で政治を考える姿は、日本ではもの珍しく見えるかもしれません。

しかしこれからは、「神の正義」を掲げることが、新しい時代を開くことになると確信しています。

香港革命をどう見るか

２０１９年に入ってから、世界を揺さぶる大きな動きがありました。「香港革命」です。

私たち幸福実現党は、明確に「香港革命」を支持し、応援しています。しかし、日本では、私たち以外の政党は、明確に支持を表明していません。

安倍晋三首相は6月、習近平・中国国家主席との会談で「『一国二制度』の下、自由で開かれた香港が繁栄していくことの重要性」について触れましたが、10月1日の中国建国70周年にビデオメッセージを贈る姿や、10月4日の臨時国会の所信表明演説で「日中新時代を切り拓く」と力を込める様子を見ても、２０２０年春に予定されている習近平主席の国賓待遇での招待に向けてまっしぐらです。

また、与党・公明党は、香港デモを無視し、中国共産主義青年団（共青団）の招待で、平木大作参院議員を団長に青年委員が大連市を訪問し、〝党是〟の「日中国交」を深めるため交流を図っています。

こうした姿を見ると同盟国であるアメリカ・トランプ政権の姿勢との隔たりは、あまりにも大きすぎるように感じます。

一方の野党も、日頃は「人権」などと口にはしても、火炎瓶や地下鉄の襲撃という過激な映像を見ると、どう考えていいのか分からないのかもしれません。（※）

アメリカ共和党のポジションにある幸福実現党

※ 2019 年 11 月 14 日、日本共産党は香港市民と警察の衝突について、「警察による弾圧は中国の最高指導部の承認のもとで行われており、直ちに中止するよう求める」とする声明を発表した。

幸福実現党が他の政党と決定的に違うのは、根本的な価値判断の基準があることです。「自由・民主・信仰」が政治の基本原則であり、「自助努力の繁栄が、共産主義、社会主義、福祉国家の理想を超えるべく道を開くべきである」（「幸福実現党の精神」）と考えているのです。

一番似ているのは、アメリカの共和党です。トランプ政権は、キリスト教保守層の支持を受けていますが、「建国の精神」に基づいて、はっきりと、神に与えられた「自由」や「民主主義」を守ることを正義と考え、政治にあたっています。幸福実現党は、日本にはない、アメリカの共和党的な立ち位置にある政党なのです。

唯物論を終わらせることが21世紀以降の政治の使命

私たちは、トランプ政権の中国に対する強い姿勢を、高く評価しています。

中国共産党は今、ＡＩ（人工知能）を使ったデジタル全体主義を目指しています。ビッグデータを集積すれば、どんな問題でも答えを出せると、本気で考えているようです。そして、ジョージ・オーウェルが『１９８４年』で描いた独裁者、ビッグブラザーのように、習近平主席が14億の人民を完全に監視し、またその監視技術やシステムを、世界各国に輸出しようとしています。

大川隆法総裁は、政治学者ハンナ・アーレントの言葉を引きながら、「全体主義国家」の特徴として「秘密警察の存在」「強制収容所の存在」「粛清」を挙げています。

中国の新疆《しんきょう》ウイグル自治区では、監視カメラどころか、住民のＤＮＡや生体情報が収集され、２００万人が強制収容施設にあり、そこでは臓器を奪われ、女性は強姦され、動物以下の扱いを受けています。これは悪魔の所業です。

大川総裁は２０１９年、カナダのトロントで行った講演会〝The Reason We

Are Here〟において、中国の未来について次のように語りました。

「考えるべきは、次の二点です。一つは、『神への何らかの信仰があるかどうか』であり、もう一つは『そこに基本的人権があるかどうか』です。

ここが、きわめて重要です。

私は中国の人々を愛しています。しかし、彼らの政治体制では公式には、習近平氏は、信仰や信仰の大切さを否定しています。そしてまた、彼らは共産主義も信じてはいません。彼らは実際には、特に中国の南部では資本主義を採用しており、共産主義のほうは、単にマキャベリズム的な意味合いで使っているだけです。

ですから、今こそ変えるべきであると思います」

まもなく香港に続いて、中国本土でも、監視カメラの破壊運動が起こり、ＡＩに支配される生き方への拒否運動が盛り上がることでしょう。中国共産党を担保してきた経済の停滞とともに、共産主義体制も崩壊へと向かい、中国南部の方から自由の火の手があがり、中国でも議会制民主主義に移行していくことでしょう。

時代が人材を創る

夢の実現に向けて、一番得難いものが「人材」です。

先述した『デール・カーネギーの知られざるリンカーン』によれば、リンカーンが何度も膝《ひざ》を折って全能の神に祈ったのは何だったかといえば、南北戦争を勝利に導くたった一人の「指導者」を得ることでした。死をも恐れぬ兵士をそろえ、100万ドルをかけてライフルや弾丸を持たせることは簡単でも、勝利を手にするには「指導者」が必要で、それは簡単には手に入らないということを、リンカーンはおびただしい戦死者を出しながら痛感するのです。無能な将軍に託した兵士が万の単位で死に、次の無能な将軍によって、また大量の戦死者を出す、その繰り返しの中で、国民は悲嘆し、重苦しい空気に包まれ、轟々《ごうごう》たる非難のなかで、リンカーンは夜通し泣きながら祈ったのでした。そして、大統領になってから10カ月目に、優秀なのですが、歯に衣着せぬ言動で誰からも嫌われていたスタントンを陸軍長官に据えたことが、リンカーンとアメリカにとっての大きな転機となったのです。

しかし、人材とは「いるか、いないか」ではなく、「時代が人材を創る」のだと思います。

海を隔てた香港を見れば、その革命の主力は10代と20代の若者です。中には、わずか12歳や13歳の活動家もいて、何千人もの集会で、堂々と自由を守り、未来のために戦うのだと決意を語っています。香港に押し寄せる中国共産党の圧政の中、無名の英雄が立ち上がり、時代が人材を創っているのです。

日本も、人材が現れるとしたら、これからだと私は思っています。

「幸福維新の志士よ、出でよ」という神の声は、全世界に響き渡っています。

心の中に燃える何かがあるならば、天命が下ったと思うべきではないでしょうか。

革命の時代が到来しています。

「不惜身命」の師に続き、日本と世界のために、情熱の炎を燃やし続けたいと決意しています。

第二章　この国の未来を考える

1. 日本列島丸ごと発展

〝地方起業家〟こそ日本の英雄

広い家は、人格をも変えてしまうのでしょうか。

先日、「俺は結婚しない」と豪語《ごうご》していた友人が、とうとう結婚しました。驚くほど若い奥さんをもらい、ご機嫌です。

彼は、1日に3回書店に行くほどの本好きでした。家族を持つことに対しては、「本に使う時間・お金・スペースがなくなる」などと言っていました。そんな彼を、何が変えたのか。

もちろん第一には「愛」でしょう。しかし政治の視点から見れば、東京から千葉県の外房に転勤したことが大きいようです。

最初は、「書店も刺激もない。絶対行きたくない」と言っていたのですが、海に近いゆったりした生活空間で、とたんに家族がほしくなったそうです。遠方から両親を呼び寄せ、半ば同居。気付けば、職場で知り合った女性とゴールインしていました。

ここに、日本の人口減少を解決するヒントが見えてきます。

広い住宅があると、人は心理的にも結婚・出産したくなるようです。企業でも、「地方に赴任させたとたんに子供が3人」というような話はよく聞きます。

地元に残れば産んだのに

逆もしかりです。都会に向かった若者は、狭い家に閉じ込められ、高額な家賃や生活費を心配しているうちに、地方なら産んだかもしれない子供を、産まないことにしたというカップルも多いのではないかと思います。

そして今、問題は地方から若者が流出していること。その地域のみならず、日本全体の人口減少も進んでいきます。

しかし今の若者は、一昔前ほど「東京への憧れ」「都会志向」というものはないと言われています。「できれば、家族と一緒に地元にいたい」と願う層が増えています。それでも都会に向かわざるを得ない理由は、仕事がないこと。背に腹は代えられないわけです。

実際、景気の良かった1980年後半から90年初めは、東京圏への流入は年々、減少していました。しかし、バブル崩壊後から流入が増加したのです。

日本の人口減少の解決の鍵は、「地方でいかに仕事を生み出すか」にあります。

足りないのはお金じゃない

地方で仕事を生み出す取り組みとして、安倍政権は補助金・交付金を組むなど、お金を撒《ま》くことを中心としています。

しかし、過去の政治家が地方活性化と称して、大規模なバラマキを行った例はいくつもありますが、どれも際立った成果を上げていません。

特に今は、日銀がいくら金融緩和をしても、企業がお金を使わないことが問題になっています。日本に足りないのはお金ではありません。むしろ「そのお金が、次の富を生む使い方」、つまりアイデアが足りないのです。

先に紹介した千葉県の外房にある一宮町《いちのみやまち》は、サーフィンスポットとして打ち出すことで、移住者を増やしています。東京の会社員が、サーファー向けの不動産会社を立ち上げたり、都内の比較的お金のある愛好家が、休日にサーフィンを楽しむうちに仲間ができ、家を買う例も増えています。

そこで生まれる需要を狙って、次はどんな事業が生まれるのでしょうか――。このサーフィンによる経済効果は、「サーフォノミクス」とも言われています。

サーフィンに適した地形という〝資産〟をテコに、一つの経済圏が生まれつつあるのです。

各地域の強みを、昔話の「藁《わら》しべ長者」のように活用して事業を膨らませ、地域を活性化させるのがアイデアの力です。

都会でビルに囲まれて働くよりも、地方で事業を開拓することに、魅力を感じる若者もたくさんいるのではないでしょうか。

アイデアが種で、お金は水

日本がするべきことは、こうした事業の種や芽を育てることです。ただ、種も芽もないのに水を撒いても意味がないように、事業のアイデアがない中で、お金を撒いても意味がありません。

大事なのは、種や芽が育つ土壌づくり。それは、減税して景気をよくすること。そして、規制緩和し、起業家を歓迎する空気をつくることです。

イノベーションの原理を提唱した経済学者のシュンペーターは、「企業家は現代の英雄である」という趣旨のことを言っています。

幸福実現党は、地方を救う英雄である起業家が生まれやすい環境を生むことで、地方活性化や人口減少の課題に取り組んでまいります。

地域興《おこ》しの逆転打　公共事業に「企業家精神」を

「子供のころは賑《にぎ》わっていた駅が、今や無人駅ですよ」

以前訪問した広島県で、過疎集落の再生に取り組む男性が寂しげにつぶやいていました。

地方はどこも、商店街や繁華街の人通りが減り、やっていけなくなった店は看板を降ろしていきます。県や市町村は「なんとかしよう」と手を打ちますが、なにぶんお役所仕事です。産業づくりは空振りに終わり、「人が来る」と思った観光施設には閑古鳥《かんこどり》が鳴いています。

やむを得ず、既存の業界を生きながらえさせるために補助金を撒きますが、そのうち自分たちも財政赤字で首が回らなくなる。知恵なし、金なし、打つ手なし。焦りが諦めに変わりつつあります。

“稼ぐ公共事業”に期待

こうした状況を変えるため、「行政が、知恵も金もある民間企業に公共事業を任せ、民間企業も勝機・商機があれば手をあげる」という手法が注目されています。文字通り、公共（パブリック）と民間（プライベート）が連携（パートナーシップ）する「ＰＰＰ（公民連携）」と呼ばれる手法です。

そう聞くと「第三セクター（以下、三セク）」（※）という言葉を連想する人もいるかもしれません。しかし三セクは「民間が事業に成功しても失敗しても、一定のお金が支払われる」など、お役所仕事とほとんど変わらない中途半端なものでした。ニーズのない「ハコモノ」が数多く生まれ、現在、三セクの４割が赤字です。

「民間にやらせてもだめだ」という声も起きましたが、逆に「リスクがない代わりに成功したうまみもないので、肝心な『民間の強み＝知恵』を引き出せない」という反省に立って、「もっと大胆に任せよう」というのがＰＰＰです。

この手法が効果てきめん。例えば、大阪市の第三セクターとして始まった「ユニバーサル・スタジオ・ジャパン」は当初、十分な魅力が生み出せずに「ハコモノ」と批判されていました。しかし、経営主体が完全に民間に移行してからは「逆走するジェットコースター」や「ハリー・ポッター」エリアなどの企画がヒット。大阪

※国または地方公共団体と民間企業との共同出資によって設立された事業体。

経済をけん引する観光資源になっています。

「客寄せ」のみならず、インフラ分野においてもこの手法は有望です。

山口県美祢《みね》市の刑務所では、民間企業にその運用を任せており、近年、セコムが「ドローンに巡回監視をさせる」という知恵を出し、実験を行いました。警備員の負担を大きく減らすと期待されています。

効率的な運用で浮いたお金を、新たな事業に投資したり、固定資産税の減税につなげたりすることで、さらに地域は潤《うるお》います。公民連携は、「お役所仕事」による悪循環を逆回転させる可能性を秘めているのです。

公民連携は江戸時代から⁉

「公共の仕事を、思い切って民間に任せる」というと目新しいようですが、実は日本の歴史における地方創生の定石《じょうせき》です。

地方再建のプロとして世界中で尊敬されているのが、二宮尊徳です。尊徳は小田原藩に財政再建を頼まれた際、引き受ける条件として「地域への補助金をやめること」を提示しました。

これを今風に言えば、「地方創生請負事業」を委託されながらも、お上のお金に頼らず、あくまで民間企業として自分で採算を取ろうとしたとも言えます。

「金がないから知恵が出る。知恵があるから金が生きる」

尊徳はそのことをよく知っていたのでしょう。

同じく江戸時代に行われた庄内海岸の植林事業も「民の力」を象徴するものです。飛砂《ひさ》によって家が埋まり、農作物が壊滅する様子を見て、酒田（山形県）の豪商・本間光丘《みつおか》が立ち上がります。私財を投げ打って、1800メートルもの防砂林をつくったのです。しかしこの事業は、木が苗のうちに砂と風で枯れるなど困難を極めるもの。商人としてずば抜けた見識やマネジメント力があればこそ、なし得た偉業です。

「自らの手で金をつくろう。考え抜いた知恵でそれを使おう。そして地域を潤そう」

この企業家精神こそ、地方創生の原点です。そしてこの精神を行政の仕事に組み込む仕組みとして、ＰＰＰという手法は大いに検討されるべきです。

仕組みだけではなく、前述のような〝経済的英雄〟に光を当ててＮＨＫ「大河ドラマ」にするなど、人々に感動や使命感を持ってもらうことも必要でしょう。

今、公共に求められるのが企業家精神であり、企業家に期待されるのが公共心です。幸福実現党は、補助金に頼らない真の地方創生を訴えてまいります。

日本ワインが世界を酔わす

「日本のワインは世界に遅れを取っている」

そんな認識が、崩れつつあります。

山梨県・甲州のブドウを使ったワイン「キュヴェ三澤」が２０１４年、世界最大級のワインコンクール「デカンタ・ワールド・ワイン・アワード」において、日本産で初の金賞を受賞し、世界のワイン愛好家を驚かせました。同じ醸造所のワインは、その翌年も金賞を受賞。翌々年には、白ワインとスパークリングワインが、金賞より上のプラチナ賞を受賞しました。

この快挙の立役者は、山梨県の醸造家を継いだ、30代の女性。海外の専門家から「薄くて水っぽい」と酷評されていた故郷のワインを世界に売り出すため、研究に明け暮れました。

こうしたこともあり、日本では「国内生産ワインで世界へ打って出よう」という動きが加速しています。政府は、国産のブドウを使い、国内の醸造所で造ったワインだけを「日本ワイン」と表示するよう定めています。

奇跡の「五ヶ瀬ワイン」

日本ワインの飛躍は、日本の農業振興、そして地方創生の可能性も見せてくれます。私は先日、宮崎県五ヶ瀬町《ごかせちょう》にあるワイン醸造所「五ヶ瀬ワイナリー」を見学しました。宮崎県第2支部代表の河野一郎さんが案内をしてくれました。このあたりは、天照大神の岩戸開きや天孫降臨などの神話で知られる高千穂も近いところです。河野さんは、この神秘的な場所をこよなく愛していて、私も河野さんの熱烈な地元愛に巻き込まれたのでした。

ここ五ヶ瀬は、阿蘇五岳《あそごがく》・九重連山《くじゅうれんざん》を臨《のぞ》む、美しい夕日の里として知られます。

しかしその標高の高さは、農業のネックでもありました。年間平均気温12度と冷涼な気候と、真冬の積雪もあり、高冷地野菜を作っても、収穫期が遅くなります。市場に出しても時期的に需要が少なく、安い値段でしか取引されません。

こうした状況を打開するため、25年前に「ブドウを栽培してワインを造ろう」という取り組みが始まります。ブドウなら冷涼でも栽培でき、ワインであれば、収穫時期にかかわらず、高い値段で売ることができます。

成功の鍵を握っていたのは、ワイナリーの宮野恵支配人。ワイン事業の立ち上げに関わった大手酒造メーカーの役員でしたが、地元の誘いもあって一線を退き、支配人となったのです。

その取り組みは、五ヶ瀬で育つブドウの品種を、手探りで探すところから始まります。白ブドウの苗を植える時には、地元農家から「本当に育つのか」という冷ややかな声もありました。

それでも五ヶ瀬の未来のために研究を重ねる宮野支配人の後ろ姿に感動し、「ブドウを育てる」という農家も増えていきました。夫婦でブドウ作りを始めたというある地元の方は、自分が育てたメルロー種からできたワインを、かわいくて仕方がないという様子で、私に勧めてくれました。

そうして生まれたワインは、少しずつ高い評価を集め、2007年には「日本ワインコンクール」で日本一となります。そして、女性たちが世界中のワインから選ぶ「サクラアワード2017」では、ゴールド賞を受賞。2019年はダブルゴールド賞を受賞しています。

宮野支配人の情熱は、地元の漁業にも波及します。ある養殖業者の社長は、たまたま同じ居酒屋に居合わせた宮野支配人と意気投合。話をする中で、「カンパチに、五ヶ瀬ブドウの搾りかすを食べさせる」ことを思いつきます。カンパチは、食味改善が難しいといわれていましたが、ブドウの皮を餌《えさ》に混ぜることで、生臭さや脂っことさを抑えることができたのです。

値動きの大きなカンパチでしたが、高価格で安定的に売れることが期待されています。

ワイナリーで、ナイアガラの白ワインを試飲すると、摘《つ》みたてのブドウを頬張っているような、みずみずしく華やかな味に、魅せられてしまいました。

「よそ者、若者、バカ者」

宮野支配人は、知り合いから「バカなことをして」「やめとけ」と言われることもあったと、笑いながら語ってくれました。

しかし、冒頭の30代の女性醸造家の話もありますが、地域興《おこ》しに必要なのは、「よそ者、若者、バカ者」と言われます。地域の魅力を白紙の目で発見し、柔軟な頭でその魅力を商品化できるためです。

日本の農業においても、こうした「よそ者、若者、バカ者」が活躍できる土壌づくりが必要です。例えば日本は「農地法」により、農家ではなかった起業家や株式会社が、農地を取得することが非常に難しくなっています。こうした規制は緩和していく必要があります。

自由を確保することこそ、真の意味で日本の農業を守ることになるのではないでしょうか。

ワインに限らず、品質の高い日本の農産物には、世界に打って出る潜在力がありますす。その可能性を引き出すことができれば、日本の農業、そして、地方創生の未来は、絶対に明るいと信じてやみません。

「認知症でも安心な街」と「留学できる離島」

第一章にも書きましたが、「政治は、可能性の芸術」という言葉があります。しかし今の日本の政治にそうした創造性を感じる人がどれだけいるでしょうか。全国各地で耳にするのは、人口減少や高齢化、年金の心配など先行きの不安です。また国会で繰り返される不毛な議論や官僚の不祥事も、この国に漂《ただよ》う閉塞感を色濃くしています。実際、この国はあらゆる面で限界に直面していると言えます。

ところが、都会から遠く離れた「課題先進地域」では、なかなか面白い取り組みがなされているので、要注目です。

認知症でも生きがいを

福岡県大牟田市《おおむたし》は、高齢化率が35％と、10万人以上の自治体としては日本で二番目に高い市です。高齢になれば、誰でもなる可能性があるのが認知症。日本では65歳以上の7人に1人、予備群を入れると4人に1人が認知症と言われます。

ところが同市は、その不安を逆手にとって「安心して徘徊《はいかい》できる街づくり」を行ったのです。最近は「徘徊」という言葉は使っていないとのことですが、徘徊を「駄目なこと」とは決めつけず、「住み慣れた地域を自由に歩きたい」という、誰もが願う気持ちに寄り添い、地域で見守る仕組みをつくったのです。

毎年9月に行われる「認知症SOSネットワーク模擬訓練」も、全国からの視察が絶えません。認知症の人が行方不明になったという想定で、通報、連絡、捜索、発見、保護に至る情報伝達の流れを訓練しています。

小中学校でも、絵本などを通じて認知症への理解を進め、優しく声をかける方法を教えています。

こうした発想の原点には、健康福祉課の担当者たち、地域住民たちが「認知症になっても夢や生きがいを追えるような街づくりを」という志を共有したことになりました。

徘徊は、行方不明や死亡事故につながりかねない深刻さをはらみます。しかし、だからといって家畜のようにチップを埋め込んで監視するような未来は誰も望みません。逆に、誰もが家族のように思いやりを持って声をかけ合う地域づくりができたなら、それは一つの理想社会だと思います。

留学で若者増の離島

島根県・隠岐《おき》諸島にある海士町《あまちょう》は、北海道の夕張市同様、財政破綻目前と言われていた自治体でした。

２００２年、民間企業から転身した山内道雄町長（当時）が当選。「平成の大合併」の嵐の中、単独町制を選択し、島の生き残りをかけた戦いを始めます。役場を

「住民総合サービス株式会社」と位置付け、「よそ者、若者、バカ者」を受け入れた地域活性化を進めます。

そんな中で生まれた逆転打の一つが、「島留学」。廃校寸前だった隠岐島前高校《おきどうぜん》の「魅力化プロジェクト」により、島外から子供を呼び寄せるようになりました。その結果、2008年度に89人だった生徒は2018年度に184人へ。連携した公立塾「隠岐國《おきのくに》学習センター」では、「夢ゼミ」といった独自の授業を行っています。

視察の際、女子生徒に「学校はどう?」と声をかけたところ、目を輝かせながら「楽しい!」と元気に答えてくれました。

こうして、斬新《ざんしん》なアイデアを生み出す若い世代が集まり始め、海士町では10年間で400人もの移住者を呼び寄せるという奇跡が起きています。

その他、各地で「面白い」地域づくりに成功しているところは、比較的小さな自治体が多いです。小回りの効く規模で、リーダーシップを発揮しやすいのだと思います。

共通しているのが「意識改革」です。行政から住民まで、国に頼らず、「自分たちの地域の未来は自分たちで切り拓く」という気概が、未来を拓くのです。

国政も、未来に向けて本気で取り組まねばなりません。既存の政治の延長線上ではなく、不可能思考から解き放たれた政治家を選び、国家レベルの「逆転の発想」を次から次へと打ち出すのです。

例えば、「減税」。大胆な減税政策で、日本中の企業を隅々まで元気にするべきです。「交通革命」も急務です。自動運転は当然のことながら、車は空に飛ばしましょう。東京と大阪を1時間で結ぶリニア新幹線の次は、「東京とニューヨークを2時間で」を合言葉に、宇宙を飛ぶシャトルで結ぶというのはどうでしょう。幸福実現党の描く、未来の青写真は無限です。

農業って楽しい！

意外に思われる方もいるかもしれませんが、実は私、料理が大好きです。買い物にもよく行くので、食品価格の変動や品揃《しなぞろ》えなどから、国内外の政治の課題を感じることもしばしばです。例えば、２０１８年９月の北海道胆振《いぶり》東部地震の際は、近所のスーパーから牛乳が消えました。北海道が、食料自給率１％の「東京の食」を支えていることを痛感したものです。

農業や酪農など日本の第一次産業は、今、大きな危機にあります。日本の食料自給率は年々低下し、現在は38％しかなく、特に高齢化と後継者不足が深刻な問題です。しかしそんな現実に立ち向かい、先進的な取り組みをしている場所があると聞いて、北海道と広島県を訪ねました。

２０１８年11月、私は北海道・釧路から車で１時間40分の浜中町《はまなかちょう》に向かいました。

ここ浜中町農協は高級アイスクリーム「ハーゲンダッツ」で使われる生乳の生産で知られます。平成29年度の売上は121億円。発展の立役者であるＪＡ浜中町の代表理事会長・石橋榮紀《しげのり》さんにお話を伺いました。

「まず土づくりです。健康な土壌からおいしい牧草ができ、それを食べた牛がおいしいミルクを出す。それを経験と勘じゃなく、あくまでも数字で示すんです」

昭和56年、浜中町は農協として全国初の酪農技術センターを設立しました。「『感覚での酪農』から『分析に基づいた酪農』へ」を掲げ、経験と勘が頼りだった酪農にコンサルタント的発想を取り入れました。

牧草地や乳牛一頭ずつの情報を一括管理し、生乳の生産から食卓までの流通を追跡できるトレーサビリティも確立。こうした先進的取り組みはテレビでも取り上げられ、全国から酪農を目指す若者がやって来ますが、研修牧場で3年間みっちり実践研修を受けてから新規就農するシステムになっています。研修期間は給与を支給し、経済的不安なく酪農を目指す若者を支えます。

今後ロシアとの関係が進展すれば、北方領土と似た気候の浜中町農協のノウハウは、その経営理念とともに日本が自信をもって紹介できる酪農の振興モデルとなると思いました。

ちなみに、浜中町でヒントを得た北海道本部の森山佳則《よしのり》統括支部代表は、後日、ウラジオストクに渡り、北海道の高品質な農産物をロシアに輸出できれば、農家の所得倍増が見込めるとして、隣国ロシアとの経済協力を政策に掲げるようになりました。このままだと、20年後には、約8割の自治体が〝消滅〟するとの指摘もある北海道ですが、隣国ロシアとの協力が進展すれば、新しい夢が広がっていくことでしょう。

農業で黒字を生むリーダーの力

翌12月に訪れたのが、広島県東広島市の小田地区です。広島空港から小一時間ほど車を走らせると、夏の豪雨災害の爪跡が残り、耕作放棄地も目につきます。ところが小田地区に入るとその光景は一変。整備された田んぼが並び、美しい里山の光景が広がります。

お話を聞いたのは農事組合法人「ファーム・おだ」の吉弘昌昭顧問理事。「平成の大合併」で、小田地区は集落そのものが存続できるかどうかの危機に直面し、吉弘さんや地域の顔役だった男性5人を中心に改革に取り組みました。人口600人の13集落を説得し、平成15年に自治組織「共和の郷《さと》・おだ」を設立。平成17年には、小田地区の水稲農家159軒を一つの農場にしたのです。

それまでトラクターやコンバインなど7億円もかかった大型機械の費用は、集約化に伴って6000万円に圧縮。米粉パン工房や酒造りなどで六次産業化も図り、法人全体で売上は年間1億円を超え、連続黒字で雇用も拡大してきました。子育てがしやすいと評判になり、8年間で13世帯が小田に戻ってきたそうです。

二つの地域に共通しているのは、大きなビジョンを持った前向きなリーダーの存在です。小田の吉弘さんは「農業は面白い。前向きな気持ちがあれば、なんでもできる。若い人向けの仕事だ。ストレスも溜《た》まらん」と笑います。

ＡＩがいくら進歩しようとも、困難に立ち向かい、前向きな夢を描き続け、多くの人の心を一つにまとめて未来を拓く仕事は、人間にしかできません。愛と徳のあるリーダーでなければできないことをやってのけた感動のドラマが、今日もどこかで生まれています。だから政治は面白い！

夢のある政治を実現しよう！

2019年5月4日に北海道に行きました。北海道本部の森山佳則統括支部代表と共に、旭川市と札幌市で講演を行ったのですが、なんとこの日、十勝地方の大樹《たいき》町《ちょう》でインターステラテクノロジズ社の観測ロケット・MOMO3号機の打ち上げが成功。宇宙空間に到達したとニュースが流れ、道民は大喜びというときに、北海道を訪れたのでした。

MOMO3号機、通称「ホリエモンロケット」は、堀江貴文氏の出資によって開発された民間製ロケットです。秋葉原でも手に入るような民生品で造られており、大幅なコストダウンを実現しています。1号機は失敗、2号機は爆発炎上というプレッシャーのなか、〝三度目の正直〟を実現した快挙に、発射を見守っていた1500人の人々は大いに沸いたということです。

映画化もされた漫画『宇宙兄弟』のヒットなどから、宇宙ファンは増えていますが、まだまだ身近なものではありません。しかしMOMO3号機の打ち上げ成功や、和歌山県串本町《くしもとちょう》に日本初の民間のロケット発射場が建設されるなど、これから宇宙開発は民間のものになっていくでしょう。ますます宇宙への夢は広がっていきます。

一方で、同じ5月4日に、北朝鮮がミサイルの発射実験を行ったというニュースも飛び込んできました。韓国では当初、短距離弾道ミサイルと報道されていましたが、その後の政府発表では「飛翔体」と言い換えられています。韓国の文在寅大統領は韓国と北朝鮮の赤化統一をしようとしているため、制裁破りを行った北朝鮮をかばっているのでしょう。

かつて日本でも、同じような光景がありました。２００９年、相次ぐ北朝鮮のミサイル発射と、それを頑《かたく》なに「飛翔体」と呼び続けた日本政府の対応に危機感を覚え、幸福実現党は立党したという経緯があります。

さまざまな国に遠慮しながら、言っていいこと、悪いことを使い分けてきた日本も、そろそろ腹を決めなくてはいけなくなってきました。子供たちを守るためにも、真っ直ぐな目でありのままの世界を見て、自分の国が何をすべきかを考えなくてはならなくなってきたのではないでしょうか。

「心の力」を養う教育を

さて、札幌では拙著『繁栄の国づくり』『未来をかけた戦い』の出版記念講演を行ったのですが、ご家族で参加されたという小学6年生の女の子が、終了後にお手紙をくれました。「将来、選挙権を持ったら正しい選択ができるよう頑張ります。将来アナウンサーになって世の中にニュースを伝えていきます」という内容でした。最近は夢を持つ子供が少なくなっているように感じていたので、大変うれしく思いました。

資源の乏しい日本は、教育によって志の高い人材を輩出して、世界のリーダーとしての力を発揮し続けなくてはなりません。そこで、今一度焦点を当てたいのが

「心の力」です。

これまで教科外活動だった道徳が、２０１８年度からは小学校で、２０１９年度からは中学校で、「特別の教科」に格上げされました。年間35時間（小学校1年では34時間）の授業が行われるようになったのは良いことですが、教科書を見てみると心もとない内容だと言わざるを得ません。

世の中では、子供の貧困や格差も問題になっています。しかし本当の格差解消のためには、札幌農学校の初代教頭・クラーク博士が学生たちに語った「Boys be ambitious（少年よ大志を抱け）」のとおり、心の力を養う教育が必要です。「宇宙に行く」という夢を描くことももちろん素晴らしいことですが、宗教間の紛争が増え、テロも止まない社会では、「肌の色や民族の違いを超えて、世界の役に立とう」「人類の未来を拓こう」という愛の思いに裏打ちされた夢を描ける人々が増えてほしいと願っています。

お母様方には、心の力の大切さを、ぜひ子供たちに教えていただければと思います。

2. 日本を守る気概を

ママの本能が日本を守る

宗教政党がなぜ国防強化を訴えるのか。それは、愛する家族や友人、そして国家など「大切なものを守りたい」という、人間としての当たり前の心を大切にしているからです。

テレビでは、国防の強化に反対する若者やママたちの声ばかりが報じられていますが、「国を守ること」に反対している人が多いというのは真実ではないと思います。

私は中国を何度か訪れ、中国共産党政府に自由を奪われた人々の声を直接聞きました。その経験をお伝えすると、ママたちは「国防の強化は当たり前のことだ」とおっしゃいます。「愛する人を守りたい」という気持ちは、神仏の子としての人間の〝本能〟と言ってもいいかもしれません。

「愛しているから、守りたい」――これは幸福実現党山口県本部の河井美和子代表のキャッチフレーズです。病気でご主人を亡くしてから、女手一つで子育てをし、山口県スケート連盟の会長として、若手フィギュアスケーターの育成にあたる優しい女性ですが、国防においては獅子奮迅の活躍をしてきました。

２０１２年６月に、沖縄県・普天間飛行場へのＭＶ‐22オスプレイの配備をめぐり、安全性への懸念が取り沙汰《ざた》され、反対運動が大きく広がりました。

河井さんは、オスプレイの配備が頓挫《とんざ》するようなことがあったら、日米同盟に致命的な影響を与えると考え、止むに止まれぬ気持ちで、山口県でオスプレイ配備一時駐機賛成の運動を始めました。有志と共に街頭に立ってオスプレイの必要性を訴えたのです。

やがて、街宣活動やチラシを目にした保守系の団体の方々が徐々に立ち上がり、2013年9月に岩国市役所前で「尖閣・沖縄を守れ！オスプレイ駐機配備賛成集会&デモ」を行いました。これは岩国市では過去最大規模のものとなり、その3日後、政府は「安全性は十分に確認された。国内の飛行運用を開始させる」とし、安全宣言を行っています。まさに「愛しているから、守りたい」です。人を守る強さが、優しさに変わっていくのです。

核装備を支持する若者たち

私たちは日本人の国防意識を考えるため、渋谷の街頭でアンケートを行いました。若者を対象に「日本は抑止力のために核装備をすべきですか?」と尋ねたところ、7割近くが「はい」という結果でした。マスコミで、SEALDsという学生の政治団体がもてはやされ、渋谷でもデモを行っていましたが、多くの若者はかなり冷静な目で現実を見ていたことが伺えます。

日本を取り巻く環境は一昔前とは全く変わり、「アジアはもはや戦争前夜」です。

北朝鮮は核実験やミサイル発射実験を繰り返し、現在ではアメリカに届く核ミサイルを保有していると言われています。

中国が埋め立てた南シナ海の人工島には、あっという間にレーダー基地やミサイル発射基地が置かれ、戦闘機が配備されました。

つまり、未来を生きていかねばならない若者たちが不安に感じていることは、「核が落とされる、少なくとも核で恫喝《どうかつ》される時が近づいている」という現実の脅威です。

「本当に戦争をしたくない」からこそ、「そのためにはどうすべきか」をリアルに考えています。「核に対しては核でしか抑止できない」という国際政治の現実を見据えているのです。

選挙で国防から逃げる自民

自民党政権は北朝鮮のミサイル発射のたびに「毅然とした対応を」「断固とした措置を」と繰り返してはいますが、実際には何も有効な対抗策を打っていません。

２０１９年の参院選公約においては、「北朝鮮の核・ミサイルの完全な放棄を迫る」とうたっていながら、依然、アメリカ頼みの状態です。

また安倍首相は、９条改正を訴えてはいるものの、現行の９条１項、２項をそのままにして、自衛隊の存在を明記すると言っています。これでは「戦えない自衛隊」であることに変わりありません。

こうしたごまかしを重ねたような国家経営は子供に見せたくない、卑怯な姿です。

女性のまっすぐな正義感で

今こそ女性たちは、子供の危険を察知したり、嘘やごまかしを見抜く「女のカン」

を鋭く働かせる時です。

人間として何が正しいのか、筋を通す正義感は、組織のしがらみでがんじがらめになりがちな男性よりも、女性のほうがまっすぐで強いのではないでしょうか。

及び腰な政治家の姿勢に対して、「子供たちを守るために本音の議論をしなさい」と声を上げてほしいのです。

幸福実現党は「自衛のための核装備」「憲法9条の改正」「防衛予算の倍増」を、正々堂々と国民に訴えていきます。

国境の島で考えたこと

「海の上を、ミサイルが飛んでいくのを見た」

そう証言するのは、日本最西端の地、与那国島の人々。1996年、中国共産党が台湾への恫喝として、海にミサイルを撃ち込んだ時の話です。

島の人々は１９５８年、台湾が中国共産党に攻撃された、「第二次台湾海峡危機」の時にも、海の向こうから響き渡ってくる砲撃音を聞いていています。

１月14日は日本政府が尖閣諸島を領土編入した「尖閣諸島開拓の日」で、２月７日は「北方領土の日」、２月22日は「竹島の日」です。特に沖縄は、軍事大国を目指す中国の脅威と隣り合わせの地域です。

今、日本の安全を揺るがしている普天間基地移設問題を、新しい視点から見るため、私は「国境の島」に飛びました。

「国境の島」の緊張感

与那国空港に着いて、まず目に飛び込んでくるのは、入り口を守るように交差する、２本の大きな日の丸です。

左翼が力を持つ沖縄県内の風景としては意外でしたが、「ここが日本である」ことを強く意識せざるを得ない、国境の緊張感のようなものを感じます。

現地では、外間守吉《ほかましゅきち》・与那国町長はじめ町議の皆様にお話を伺いました。与那国では、自衛隊基地の建設が急ピッチで進められています。中国の脅威に不安を募らせる住民たちは、歓迎しているそうです。

海を見ていると、与那国の人たちが抱いている危機感を、ひしひしと感じます。ここはまさに、国防の最前線でした。

この地から、目を真東の沖縄基地問題に向けてみます。

翁長雄志知事（当時）をはじめとした左派勢力が、政府を相手取り、反対運動を展開。米軍基地を追い出さんかのような勢いです。

反対運動では、「沖縄は、本土の犠牲にされてきた」という側面ばかりが強調されます。

沖縄が、日本から分断されようとしている。それがどれだけ危険なことかが、「国境の島」から見るとよく分かります。

沖縄・本土の分断に注意

沖縄と本土の分断――。このテーマに関してよく出てくるのが「民族のルーツ」という話です。大川総裁は、沖縄も日本人も同じムー大陸（※）の直系と指摘しています。その歴史を考える際に特筆すべきは、「与那国海底遺跡」です。この遺跡は、与那国島の海岸から100メートルの海底で、1986年に発見されました。

私は遺跡の第一発見者である、新嵩喜八郎《あらたけきはちろう》さんに詳しくお話を伺い、翌日、この目でも見てきました。年代測定をすると、なんと1万年前のもの。歴史学上、「人類文明がなかった」時代ですが、見るからに人工物です。

そこには、石畳のような広場、亀のような石、「拝所」（礼拝所）のような構造物

※1万2千年前ごろに沈没したとされる太平洋上の大陸。

があります。

石畳の淵を見下ろせば、巨大な階段が整然と続いています。さらに深い場所には、城門、水路なども……。この海底遺跡、エジプトのピラミッドにも匹敵する大きさだそうです。

1万年前、ここに誰が住んでいたのか。この巨大遺跡は、どんな歴史を見てきたのか。今の沖縄や、日本とは、どんな関係があるのか……。

悠久の歴史に思いを馳せると、「琉球処分などの浅い歴史で、本土と沖縄がいがみ合ってもしょうがない」という気持ちが湧いてきます。

沖縄と本土は、安全保障上も、歴史上も、「一心同体」なのです。

辺野古移設は待ったなし

この島では、晴れた日には、海の向こうに台湾の島影が肉眼で見えます。

２０１６年、台湾独立志向の民進党から、蔡英文氏が総統に当選した背景には、台湾を呑《の》み込もうとする中国の脅威があります。

２０１５年７月、中国国営中央テレビ（ＣＣＴＶ）が放映した人民解放軍の演習に、台湾の総統府に似た建物が映っていたことは「何か」が近づいていることを意味します。

沖縄も状況は同じです。

米海軍・太平洋艦隊の大佐は、中国の人民解放軍の演習の分析から、「尖閣諸島を占領する訓練を行っている」「人民解放軍は、局地戦で日本の自衛隊を破り、尖閣諸島や琉球諸島南部を強奪するという新しい任務が与えられている」と指摘しています。

米軍基地の県外移設などもってのほかです。むしろ、自衛隊の増強を急がねばなりません。

尖閣の海に思う海洋国家日本の未来

美しいブルーグリーンの海が広がる石垣島に、「尖閣諸島開拓の日」である1月14日がやってきました。明治28年のこの日、当時の政府が尖閣諸島を領土にすることを閣議決定したことから、平成22年に石垣市が記念日と定め、毎年式典が開かれています。

私も来賓としてお招きいただき、何度か参加しているのですが、回を重ねるごとに、「わが国の領土・領海を断固守り抜くのだ」という確固とした思いが固まってくるのを感じます。こうした地元の取り組みは本当に大事だと思います。

その尖閣諸島を守る最前線が、海上保安庁の石垣海上保安部です。地元の友寄永三市議とともに表敬訪問し、巡視船を視察しました。

2019年1月には3回、中国の「海警」4隻が尖閣諸島沖に領海侵犯しました。さぞや海保の皆さんも緊迫して、「けしからん！」と熱くなっているかと思いきや、「事態をエスカレートさせないよう、冷静かつ毅然と対応しています」と語ってくださったのは花井宏泰部長。いたって冷静沈着です。

巡視船には若い女性保安官も乗船しておられたので、お話を聞いてみると、中国語をはじめとする外国語や法律などを習得した国際捜査官だというから驚きです。尖閣沖で一歩も引かず、中国語を駆使して領海を守っているのが女性だなんて、鎌倉時代の女武者・巴御前のようで頼もしいではありませんか。

アンフェアな県民投票

さて、その石垣市では、自衛隊の配備計画が進んでいます。これまで沖縄本島から西は自衛隊が配備されず、警察官が拳銃で防衛するしかありませんでしたが、中国の軍事的脅威の拡大とともに、平成28年に与那国島に陸上自衛隊の沿岸監視隊が配備され、平成29年に宮古島に駐屯地が建設されました。石垣島、そして鹿児島県の奄美大島も加えれば、南西地域の防衛態勢が整います。

しかしそのような中、沖縄県では、辺野古への米軍基地移設のための埋め立ての賛否を問う県民投票が２０１９年2月に実施されました。賛成か反対か、どちらかに「〇」をする投票では、「基地には反対だけれども、中国の脅威が迫るから仕方がない」という「△」の声を反映することができません。また、本来、投票に対しては中立であるべき玉城デニー知事自身が基地移設反対派の集会に出席したり、県民投票推進課の県職員が母校で基地移設反対の話をしていたことも発覚し、投票の前提となる公平性が保たれていなかったことが問題視されています。

石垣市をはじめ、５つの市が県民投票を行わないことを決めました。これにより県内有権者の３分の１が投票しなかったことになりますが、そもそも最大の課題である「普天間基地の危険性除去」は放置したまま。結果は県民世論の分断にしかならなかったようです。

日本は太平洋に浮かぶ島国です。国土面積は約38万㎢で世界第61位ですが、領海及び排他的経済水域の面積では447万㎢で、世界第6位の海洋国家です。海が外国と日本を隔て、独自にして高度な文化が長きにわたり花開いてきました。鎌倉時代には、海の向こうから蒙古軍がやってくるという国難に見舞われたことも、神風が吹いて奇跡が起きたこともあります。鑑真のように、12年で5回も船旅に挑戦し、失明しようとも日本を目指した高僧もいました。

日本の歴史は海とともにあり、海で人と人がつながり、今日があるのです。

これからも海に隔てられた国々とどのような関係を築くべきか、一人ひとりが自分の頭で考えて、心で感じ、行動し、海洋国家としての未来を拓くために力を尽くさねばなりません。尖閣諸島に続くブルーグリーンの海を眺め、決意を新たにいたしました。

アニメの聖地に迫る隣国の危機

2019年1月31日、幸福実現党の升井祐子《ますいゆうこ》町議が活躍する、鳥取県・岩美町を訪れました。この町は、男子水泳部を描いた人気アニメ「Free!」の舞台・岩《いわ》鳶《とび》町のモデルとして知られていて、ファンの〝聖地〟となっています。残念ながらこの日はお目にかかれませんでしたが、キャラクターのコスプレをしたファンが町の中を歩いていることもあるのだとか。

翌日は特急で鳥取から島根へ移動しましたが、車窓からは雄大な大山《だいせん》と美しい海が広がり、絶景です。しかし、この海の〝向こう〟の動きが大いに心配なのです。

1月8日、島根県・隠岐の島に北朝鮮の小型木造船が漂着しました。上陸したのは、炭と油で顔を真っ黒に塗った男性3人。衰弱し、竹のつえをつきながら海岸を歩いていたのを地元の女性が発見。口をパクパクさせながら指で示すジェスチャーをしていたので、おにぎりと古着を渡してあげたそうです。その後、彼らは警察に保護され、船の中にさらに衰弱した男性が1人残っていたことが判明しました。

「隠岐では海が荒れて避難する船は昔からよくあったし、島の人は優しいからね。ただ、島は高齢化が進んでいて、危機感は薄い」と語るのは元役場職員のTさん。今回漂着した4人の男性は10～30代で眼光が鋭く、軍に所属する偽装難民の可能性も捨てきれません。

2018年度の、北朝鮮からと見られる木造船の漂着は、北海道から山口県まで過去最多の134件。好漁場の大和堆《やまとたい》では、違法操業を取り締まる海保の巡視船に対して、北朝鮮船は船体をぶつけたり、投石をするなど過激化しています。

北朝鮮に対するもう一つの懸念が、サイバー攻撃です。2017年から2018

年にかけて、北朝鮮のハッキング部隊は仮想通貨取引サイトへの攻撃に成功し、5つのサイトから約5億7100万ドルを盗み出したそうです。仮想通貨を活用し、経済制裁を迂回しながら資金を獲得していることが分かっているのです。

日本に必要な「和戦両様」の構え

それに加えて心配なのが、韓国・文在寅政権の動きです。いわゆる「徴用工」問題では、原告側の韓国人弁護士は、すでに差し押さえられている新日鉄住金（当時）の資産を売却して現金化する手続きを始めると宣言しました。また、韓国の国会議長が米国メディアとのインタビューで、天皇陛下（当時。現上皇陛下）に対して「慰安婦」への謝罪を求め、「戦争犯罪の主犯の息子」と発言するなど、一線を踏み越えた感があります。

北朝鮮に対しても、韓国は〝制裁破り〟を行い、石油製品などさまざまな物資を提供していることも明らかになりました。このままでは、反日思想の下で一つになった「核を持つ朝鮮半島」が誕生しかねません。

２０１８年6月の米朝会談で、北朝鮮の金正恩氏は「完全な非核化」を約束し、ミサイルが日本海を飛ぶことはなくなりました。日本には、「和戦両様」の構えが必要です。私も、トランプ大統領の手腕により、北朝鮮の「無血開城」に向けた動きが前進することを心から祈ります。同時に、決裂した場合に備え、さまざまなリスクを想定しながら、自分の国は自分で守れる態勢をつくっていかなくてはならないと思います。

今回訪れた鳥取県と島根県は、16年から参議院選挙の投票が合区になるほど、加速度的に人口が減少しています。しかし近い将来、北朝鮮や中国といった国が、平和裏に国を開くことになれば、鳥取・島根を含む日本海は東洋の〝地中海〟となり、大いに繁栄する可能性があります。大きな視野での国家戦略を考えていかなくてはならないと感じました。

3．それでも宗教政党が必要だ

「盲目の人権活動家」が教えてくれた勇断できる政治

「中国共産党は無神論だから、暴力と嘘しか信じない。道徳的な悔悟《かいご》など一切ない。」

こう激しく言い切ったのは、2017年8月にアメリカでお会いした、「盲目の人権活動家」「裸足の弁護士」として世界に知られる、中国人の陳光誠氏でした。

陳氏は、農村部で共産党の圧政に苦しむ人々のために人権活動に邁進《まいしん》していたことから、中国当局により逮捕。4年間服役し、その後も自宅軟禁ですべての自由を奪われました。2012年に自宅から奇跡の脱出を遂げ、現在は、アメリカで中国民主化に向けた啓蒙活動に励んでいます。

お会いすると驚くほど優しい方で、その奥に悪に屈しない力強さを感じました。陳氏が戦った「一人っ子政策」の実態は悪魔の所業としか思えないものです。当局は妊娠した女性を拉致し、子宮収縮薬を注射して堕胎させ、その家族を拘留・拷問するなどして取り締まります。無事に産まれた新生児をも、窒息死させる残酷さ。それを見せられた母親が自殺したケースもあったと言います。

陳氏が、そんな残虐なシステムの根源にあるものとして、「無神論」を挙げた時、互いに通じ合う公憤と志を感じました。さらに、陳氏が「神は存在すると思っている」「いかに強大な独裁政治も、大宇宙の理法には抗《あらが》えない」と力強く語る姿は、三重苦の中で人類に勇気を与えたヘレン・ケラーと重なりました。信仰こそ、独裁国と戦う力になっていたのです。

人権擁護に〝冷たい〟日本

陳氏からは同時に、日本への大きな期待の言葉も頂きました。礼儀正しく、経済的に豊かなアジア最大の民主主義国として、中国での人権擁護や民主化の推進にもっと貢献してほしいと強く要望されました。

ただ一方で、日本における人権擁護への関心は非常に薄いというのが現状です。アメリカでは、国務省が毎年、各国の人権擁護状況を発表し、陳氏のような民主活動家の保護も行います。米中首脳会談では、「内政干渉」だと反発されても、人権問題に触れようとします。議会は、党派を問わず、中国に対して厳しい目を向けています。

それに比べると日本は、事務レベルの「人権対話」を行うにとどまっており、ほとんどの政治家は、隣国の人権弾圧に口をつぐんでいます。むしろ、「南京大虐殺」や「従軍慰安婦」などの嘘の人権弾圧をでっち上げられるという情けない状況です。

日本国憲法では、「個人の尊厳」が最高の価値と位置付けられていると言われていながら、なぜ隣国の人権弾圧には無関心を貫けるのでしょうか。国内の人権問題には敏感な政治家やメディアが、なぜ中国や北朝鮮の問題となると沈黙するのでしょうか。

アメリカが他国の人権問題に積極的に関わろうとするのは、自国民に限らず、すべての人に普遍的な人権が天から与えられているという意識があるためです。日本が他国の独裁・人権弾圧に対して弱腰なのは、人権の奥にあるべき宗教観が欠如しているからなのです。

だからこそ幸福実現党は独自の憲法試案において、「神の子、仏の子としての本質を人間の尊厳の根拠と定め」とその前文で掲げています。

「国防」から逃げない勇気を

こうした本質的な議論ができないことが、日本の政治に哲学と国家戦略が立たない根本的な理由ではないでしょうか。

本節のもとになった「ザ・リバティ」2017年11月号の連載原稿を書いていた同年9月半ば、安倍晋三首相が衆議院を解散する方向で調整しているというニュースが入ってきました(2017年9月28日に解散。翌10月に総選挙が行われた)。

しかし国防体制については、改憲論を「加憲論」に後退させ、韓国も検討を始める核装備については議論さえ否定しています。そもそも自民党は、選挙の度に「国防」「憲法」という争点から逃げ、まさに今、ミサイル防衛は後手に回っています。

幸福実現党は、宗教政党です。だからこそ、独裁国家が軍事拡張し、未来の日本人が人権弾圧の憂き目に遭うかもしれない中、「選挙受け」のために、国防の議論を後回しにする政治を、見過ごすわけにはいけません。

今、日本は国の安全を、アメリカに依存する危険性を、肌で感じています。「自分の国は、自分で守る」体制をつくるために、核装備やミサイル防衛の強化、憲法9条の「加憲」ではない抜本的な見直しなど、本質的な議論に踏み込む時です。

今こそ日本に、勇断できる政治を取り戻そうではありませんか。

私の人生は〝政教分離〟できない

「幸福実現党は、政教分離違反では？」

こう疑問を投げかけられる方には、次のようにお尋ねすることがあります。

「信仰を持った人たちは、政治参加の権利がないのですか？」

もしそうなら、それこそ憲法違反になってしまいます。

「政教分離」の正しい理解は、「政治から宗教を閉め出すこと」ではなく、「国家権力は、宗教に介入してはならない」ということ。これは政府の公式な解釈であり、戦前の日本で国家権力が多くの宗教を弾圧したことへの反省です。宗教を抑圧するのは本末転倒なのです。

さらに私は「宗教が政治に参加することが〝許される〟」のではなく、「宗教的精神こそ、政治に必要である」と考えています。

宗教から、政治の世界に歩を進めてきた私自身の半生から、その意味を考えてみます。

「悩」ばかりの少女時代

中学校の卒業アルバムにあった、似顔絵のコーナーで、私は自分の顔の横に「悩」と書きました。

友人関係の不調和、親子の葛藤、劣等感。「なぜ人生にはこんなに苦しいことが多いのか」と思うことが多かったのです。

「なぜこんな世の中に、人間は生まれてきたのだろう」が、次に湧いてきた疑問でした。

高校3年の倫理の授業では、「釈迦は人生の苦しみに疑問を持ち修行したが、苦行をやめて悟りを開いた」と習いました。

「苦行をやめてなぜ悟れるのか。そもそも悟りとは何か」

疑問はさらに深まりました。その答えに出会えたのが、大学生の時。バイト先の先輩が『太陽の法』という、大川隆法・幸福の科学総裁の書籍を渡してくれたのです。

「人生は、魂修行の場である」

「人間は、この世をユートピア化するために生まれてきた」

今までの悩みの霧が一気に晴れて、希望が湧いてきました。

「この真理で、全国の人々のお役に立ちたい」

私は一般企業に3年ほど勤めた後、念願の幸福の科学職員になりました。

社会変革は宗教の使命

幸福の科学は、立宗間もないころから社会問題に取り組むことを、ミッションとしていました。

私は広報局員や、「ザ・リバティ」編集部員として、数多くの社会啓蒙活動に携わりました。

1990年代、私がまだ20代のころ、ヘア・ヌード雑誌が、子供や女性の目にもふれる場所に置かれていることに対して、志あるお母様方と共に声を上げました。新聞に投書を書いたり、機内で雑誌を配っていた航空会社に抗議の手紙を出したのです。

その後、ＪＡＳ（その後、ＪＡＬと合併）という航空会社は、機内のヘア・ヌード雑誌を撤去。私の投書を見た社長が判断したことを後から知りました。社長からは直筆のお手紙をいただきました。

「私は暑い八月を迎えますと、後に続くものを信ず、といって死んでいった当時の学友、先輩たちを想い出します。今のエゴとエロにまみれた日本を知ったら、彼らは何と思うでしょうか」

涙が出てきました。

その時、私は「世の中は変えられる」と強く確信したのです。

臓器移植反対の声も上げました。「脳死は人の死ではない」というのが宗教的真実です。脳死状態でも、臓器移植手術をすれば魂は痛みを感じます。しかし１９９７年、国会が多数決で「脳死は人の死」と決定。宗教なき政治の限界を痛感しました。

自殺防止キャンペーンにも取り組みました。

街頭活動で、「経営が苦しくて、朝から死ぬことばかり考えていた。知り合いに別れの手紙を投函してきたところ」という方に出会ったことを今も忘れません。消費税が導入され、景気悪化で自殺者が3万人台に入ったときでした。その後の活動も虚しく、自殺者は増え続けました。

人生の希望を語りこむ宗教活動だけでは助けられない人の多さに、悔しくてなりませんでした。

政治に必要な「精神的主柱」

政治を変えることで多くの人が救われるなら、それも立派な宗教の使命です。世直しの一環として、幸福実現党は２００９年に立党されました。

立党当初から訴えてきた国防強化は「唯物論の独裁国家による軍事的覇権は、宗教的に悪だ」という確信に基づくものです。

消費税の増税反対も、経済的苦境によって、自殺を考えるような人たちを減らすため。

この7年間、時には「選挙受け」を無視してでも、一貫して言うべきことを訴えてきたのは、「天に誓って誠実でありたい」という宗教者の誇りです。

私たちは宗教者だからこそ、世の中に山ほどある不条理に立ち向かう勇気が湧いてきます。そして、人類は明るい未来を必ず切り拓くことができると信じられるのです。

誰からも信念を奪えないように、また親と子の関係が否定できないように、信仰は私そのものであり、不可分のものです。

「この国の政治に一本、精神的主柱を立てたい」

大川隆法・幸福実現党総裁は、立党趣旨でそう述べています。この世とあの世を貫く人生観を持った政治家こそ、不信が募る現代の政治に求められているのではないでしょうか。

それでも「宗教政党」でいく理由

「政策はいいのだから、宗教の看板を下ろせば票が取れる」

「政教分離に違反している」

立党以来、私たち幸福実現党は、こうしたお声を幾度となく聞いてきました。

それに対して私たちは、政府の憲法解釈を引くなどして、「政教分離には反していない」と、半ば〝弁明〟するかのように説明することもしばしばでした。

しかし本節では、信仰者としての原点から、「なぜ宗教政党が必要なのか」という本当のところをお話しさせていただきたいと思います。

ありません。

偏狭な宗教と残忍な唯物論

日本人が、ここまで宗教への忌避感《きひかん》を持つようになったことは、理解できる面はあります。

戦前には、「国家神道」のもとに、仏教、キリスト教、教派神道が弾圧されました。戦後には、仏壇を投げ捨てるような折伏教団や、サリンによる殺人に手を染めた宗教を名乗る団体も現れました。世界でも、宗教紛争は犠牲者を出し続けています。

一方で、「宗教など要らない」という思想も、計り知れない悲劇を、人類にもたらしました。

「神は死んだ」と叫んだニーチェの哲学を具現化したナチズムは、２５００万人の犠牲者を生み、「宗教はアヘン」と断じる共産主義国は、歴史上、合わせて１億もの命を奪ったと言われています。

だからこそ私たちは、「さまざまな民族・宗派の共通基盤となり、進歩する科学技術とも共存できる新しい宗教観が、社会に必要だ」という考え方をしています。

真理には「感動」がある

しかし、もっと正直に言えば、宗教は〝社会秩序の維持に必要だから〟信じるという類《たぐい》のものでもないと言えます。信仰の本質は、真理にあるからです。

哲学者プラトンの『饗宴』という著書の中で、ギリシャで政治家としても活躍したアルキビアデスが、自らの師であるソクラテスの話を聴くと、「どんなに優れた弁論家の話や、どんな優れた音楽を聴くよりも、すごい状態に陥る。その言葉を聞くと、胸が高鳴り、涙が溢れて止まらなくなる」と、感動を語っている部分があります。この感じは、非常によく分かります。それは話術でも、その場の熱狂的な雰囲気でもなく、根源的な真理に触れられたという喜びでしょう。

私が大川隆法・幸福の科学総裁に出会ったのは、二十歳の時でした。著作を読み、説法に触れると、遥か昔に離れ離れになった親子が、ようやく巡り会い、感激のあまりその胸に飛び込んで泣きじゃくるような感動がありました。

こうした信仰の体験が、私の政治活動の原点にあります。

神仏に与えられた世界

私が特に感銘を受けた教えの一つが、仏教において「真空妙有《しんくうみょうう》」と呼ばれている概念でした。

仏教では「この世は仮の世である」とされています。どんな人間でも、必ずあの世に還ります。日本でも世界でも変わらないものは何一つなく、諸行無常の風に吹かれ続けます。そう見れば、ある意味、政治ほど「虚しい」ものもありません。

しかし、執着を去って一切を「空《くう》」と見るその目に、見えてくるものもあるのです。

すべては移ろいゆくものではありながら、私たち自身も、山川草木《さんせんそうもく》も、厳然として存在しています。その奥には、万象万物、一切の生命を在《あ》らしめる神仏の意志、根源的なエネルギーがあることを知るのです。

この世は、魂修行の場として神仏より与えられていると、私たちは考えています。その中で、愛に生き、智慧を磨き、過ちを反省しながらも、それでも立ち上がって何かを学び、社会を前進させることで、魂を成長させます。その成長の過程で、人間は心の深いところから、真の幸福を感じるのです。

「魂の幸福」という政治観

こうした世界観が根底にあるからこそ、私たちは自由で民主主義的な社会や、魂を躍動させる舞台としての経済繁栄を目指しています。

そして、人間の善性や可能性を封じ込める唯物論・共産主義国家の拡張に対しては、悪を押し止めるべく、強く国防を訴えているのです。

「幸福実現」とは、もちろん「人々の衣食住を確保する」という物質的な側面を願いつつも、魂としての幸福を感じる社会の実現をも意味しています。

それが、私たちが「宗教政党」としての活動を、止めることはできない理由です。

大川総裁は、この幸福実現党の立党に際し、「この国に生まれ、この時代に生まれてよかったと、人々が心の底から喜べるような世界を創りたい」と万感の思いを込められました。

この使命を胸に、今年も、透明な愛の風となって吹きわたってまいりたいと思います。

あとがき

お読みくださった皆様、そして幸福実現党の戦いをお支えくださったすべての皆様に、この場をお借りして心の底から感謝と御礼を申し上げます。

大川隆法総裁が、不惜身命でお創りになられた幸福実現党は、いまだ生みの苦しみの中にあります。それでも、現代の日本に、この地上に神の願いを実現する前線基地が存在する意味は、時代とともに、はっきりしてきました。

香港の若者は、「自分たちは、勝てると思うか?」と問いかけてきます。

ウイグルの若者は、「神は自分たちを見捨てない」と信じて戦っています。

日本も、「奴隷の自由」「幸福なファシズム」に甘んじるのか、それとも自主独立の道を選ぶのか、国としてのあり方を大きく見直さざるを得なくなる日が近づいています。

そのような中、真っ暗なトンネル内を掘り進めているように感じる私自身、己の力不足に悩み、懺悔《ざんげ》する毎日です。しかしそれでも、神仏を信じる私たちは、常に、光と共にあります。

これからの10年が勝負です。

2020年から30年の間、神を信じない巨大な覇権主義国家に、神の愛の息吹を圧倒的な力で吹き込む時です。日本人が誇りを取り戻し、世界のリーダーとして甦《よみがえ》る日が、必ず来るはずです。

「夢に、力を。」

ゴールデン・エイジは、もうすぐです。新しい時代の扉を、心の力で、行動で、押し開こうではありませんか。

本書の執筆をお勧めくださり、日々、智慧と慈悲で私たちをご指導くださっている大川隆法総裁先生に、心の底より感謝申し上げます。

また、これまで幸福実現党の活動を支えてくださった党員の皆様、政党のスタッフの皆様、幸福の科学の職員・信者の皆様、さまざまな形でご協力いただいた支援者・関係者の皆様に感謝いたします。

２０１９年10月27日　幸福実現党　党首　釈量子

※第二章は「ザ・リバティ」と「アー・ユー・ハッピー?」の連載に加筆したものです。

1．日本列島丸ごと発展

〝地方起業家〟こそ日本の英雄……「ザ・リバティ」２０１６年5月号

地域興しの逆転打　公共事業に「企業家精神」を…「ザ・リバティ」２０１９年3月号

日本ワインが世界を酔わす……「ザ・リバティ」２０１８年4月号

「認知症でも安心な街」と「留学できる離島」……「ザ・リバティ」２０１８年10月号

農業って楽しい！……「アー・ユー・ハッピー?」２０１９年2月号

夢のある政治を実現しよう！……「アー・ユー・ハッピー?」２０１９年6月号

2．日本を守る気概を

ママの本能が日本を守る……「ザ・リバティ」２０１６年6月号

国境の島で考えたこと ……………………………「ザ・リバティ」2016年6月号
尖閣の海に思う海洋国家日本の未来……「アー・ユー・ハッピー?」2019年3月号
アニメの聖地に迫る隣国の危機 ………「アー・ユー・ハッピー?」2019年4月号

3．それでも宗教政党が必要だ

「盲目の人権活動家」が教えてくれた勇断できる政治…「ザ・リバティ」2017年11月号
私の人生は〝政教分離〟できない ……………「ザ・リバティ」2016年7月号
それでも「宗教政党」でいく理由……………「ザ・リバティ」2018年3月号

著＝**釈量子**（しゃく・りょうこ）

幸福実現党党首。

1969年11月10日生まれ、東京都小平市出身。國學院大學文学部史学科卒業後、大手家庭紙メーカー勤務を経て、幸福の科学に入局。学生局長、青年局長、常務理事などを歴任し、幸福実現党に入党。2013年7月に党首に就任。現在、月刊「ザ・リバティ」で「釈量子の志士奮迅」、月刊「アー・ユー・ハッピー?」で「釈量子の東奔西走 ！」、フジサンケイビジネスアイで「太陽の昇る国へ」、夕刊フジで「いざ! 幸福維新」を連載中。著書に、『未来をかけた戦い』『繁栄の国づくり』（幸福の科学出版刊）、『命を懸ける』『太陽の昇る国』（幸福実現党刊）、『勝手にモージョ相談処』（青林堂刊）、大川総裁との共著に、『夢は尽きない』『君たちの民主主義は間違っていないか。』（幸福の科学出版刊）、大川紫央との共著に、『いい国つくろう、ニッポン！』（幸福実現党刊）などがある。

夢に、力を。

2019 年 11 月 28 日　初版第 1 刷

著　者　釈量子

発行者　佐藤直史

発行所　幸福の科学出版株式会社
〒 107-0052 東京都港区赤坂 2 丁目 10 番 8 号
TEL (03) 5573-7700
https://www.irhpress.co.jp/

印刷・製本　株式会社 研文社

落丁・乱丁本はおとりかえいたします

ISBN:978-4-8233-0135-3 C0030
装丁・イラスト・写真© 幸福の科学

大川隆法シリーズ・最新刊

イランの反論 ロウハニ大統領・ハメネイ師守護霊、ホメイニ師の霊言

なぜアメリカは、イランをテロ支援国家に仕立てるのか。イランの国家指導者たちの霊言、守護霊霊言を通して、混迷する中東情勢の真相と黒幕に迫る。

1,400円

ジョシュア・ウォン守護霊の英語霊言

英語霊言 日本語訳付き

自由を守りぬく覚悟

勇気、自己犠牲の精神、そして、自由への願い──。22歳の香港デモリーダー、ジョシュア・ウォン氏の守護霊が語る、香港民主化の願いと日本への期待。

1,400円

The Age of Mercy 慈悲の時代

英語説法 英日対訳

宗教対立を乗り越える「究極の答え」

慈悲の神が明かす「真実」が、世界の紛争や、宗教と唯物論の対立に幕を下ろし、人類を一つにする。イスラム教国・マレーシアでの英語講演も収録。

1,500円

習近平の娘・習明沢の守護霊霊言

「14億人監視社会」
陰のリーダーの"本心"を探る

2030年から35年に米国を超え、世界制覇の野望を抱く中国。その「監視社会」を陰で操る、習近平の娘・習明沢の恐るべき計画とは。毛沢東の後継者・華国鋒の霊言も収録。

1,400円

※表示価格は本体価格（税別）です。

大川隆法ベストセラーズ・日本の取るべき道を示す

自由のために、戦うべきは今

習近平 vs. アグネス・チョウ 守護霊霊言

今、民主化デモを超えた「香港革命」が起きている。アグネス・チョウ氏と習近平氏の守護霊霊言から、「神の正義」を読む。天草四郎の霊言等も同時収録。

1,400円

日本の使命

「正義」を世界に発信できる国家へ

香港民主活動家アグネス・チョウ、イランのハメネイ師&ロウハニ大統領 守護霊霊言を同時収録。哲学なき安倍外交の限界と、東洋の盟主・日本の使命を語る。

1,500円

リーダー国家 日本の針路

イランのハメネイ師とイスラエルのネタニヤフ首相の守護霊霊言を同時収録。緊迫する中東情勢をどう見るか。世界教師が示す、日本の針路と世界正義。

1,500円

自由・民主・信仰の世界

日本と世界の未来ビジョン

国民が幸福であり続けるために──。未来を拓くための視点から、日米台の関係強化や北朝鮮問題、日露平和条約などについて、日本の指針を示す。

1,500円

幸福の科学出版

大川隆法ベストセラーズ・未来に夢のある政治を

夢は尽きない

幸福実現党 立党10周年記念対談

大川隆法　釈量子　共著

日本の政治に、シンプルな答えを──。笑いと熱意溢れる対談で、働き方改革や消費増税などの問題点を一刀両断。幸福実現党の戦いは、これからが本番だ！

1,500円

君たちの民主主義は間違っていないか。

幸福実現党 立党10周年・令和元年記念対談

大川隆法　釈量子　共著

日本の民主主義は55点!?　消費増税のすり替え、大義なきバラマキ、空気に支配される国防政策など、岐路に立つ国政に斬り込むエキサイティングな対談！

1,500円

未来をかけた戦い

幸福を実現するために

釈量子　著

新聞の好評連載が書籍化！「なぜ宗教政党が必要なのか」などの疑問に真正面から答えた書き下ろしも充実。立党10年間で〝実現〟した政策の数々とは。

926円

繁栄の国づくり

日本を世界のリーダーに

釈量子　著

社会主義の危険性とは何か。「中国封じ込め」「消費増税凍結」「未来型投資」など、幸福実現党が目指す「自助努力からの繁栄」という国家ビジョンを語る。

926円

幸福実現党
THE HAPPINESS REALIZATION PARTY

入党のご案内

あなたも**幸福**を**実現**する政治に参画しませんか。

～この国に生まれこの時代に生まれてよかったと、
人々が心の底から喜べる世界を創る～

○幸福実現党の理念と綱領、政策に賛同する18歳以上の方なら、どなたでも参加いただけます。

○党費：正党員（年額5千円［学生 年額2千円］）、
特別党員（年額10万円以上）、家族党員（年額2千円）

○党員資格は党費を入金された日から1年間です。

○正党員、特別党員の皆様には
機関紙「幸福実現NEWS（党員版）」（不定期発行）が送付されます。

＊申し込み書は、下記、幸福実現党公式サイトでダウンロードできます。

幸福実現党公式サイト

○幸福実現党の役員・議員情報、綱領や政策、最新ニュースが詳しくわかります！

○動画で見る幸福実現党――
幸福実現党チャンネルの紹介、党役員のブログの紹介も！

○幸福実現党のメールマガジン“HRPニュースファイル”や“幸福実現！ハピネスレター”の登録ができます。

hr-party.jp もしくは 幸福実現党 検索

幸福実現党 本部 〒107-0052 東京都港区赤坂2-10-8 TEL03-6441-0754 FAX03-6441-0764